farsi un'**idea**

56.

I lettori che desiderano informarsi
sui libri e sull'insieme delle attività della
Società editrice il Mulino
possono consultare il sito Internet:

www.mulino.it

Anna M. Longoni

LA MEMORIA

il Mulino

ISBN 978-88-15-07573-4

Indice

1. *Come funziona la nostra memoria?*

I diversi tipi di memoria

La memoria è la funzione psicologica che forse ci caratterizza di più come individui. I ricordi costituiscono la nostra identità personale, contengono le nostre esperienze del mondo esterno. Essi sono alla base di tutte le attività della vita quotidiana. La semplice azione di incontrare un amico per andare assieme al cinema richiede un ampio spazio di memoria: il ricordo dell'aspetto dell'amico, una mappa mentale che ci consenta di arrivare al luogo d'incontro giusto e in tempo. La scelta del film esplicita la preferenza per un certo regista, un certo attore, una certa sala cinematografica, una preferenza che è basata sulle nostre esperienze passate; la comprensione del film rivela il riconoscimento di suoni verbali e non, di facce, di espressioni, di ambienti, di «atmosfere». Come riusciamo a coordinare tutte queste informazioni?

Di fronte a fenomeni estremamente complessi, sia lo studioso che l'uomo della strada utilizzano spesso delle metafore, delle analogie. Per descrivere la memoria umana sono state utilizzate soprattutto metafore di tipo spaziale. La memoria viene descritta come un luogo che, a seconda della metafora utilizzata, può essere una tavoletta di cera (Platone), una casa (James), una borsa (Miller), un magazzino (Atkinson e Shriffin), un tavolo da lavoro, una libreria, un computer, nel quale vengono collocati degli oggetti – i ricordi. Le analogie che sono state via via usate per descrivere la memoria rispecchiano le conoscenze tecniche del momento. Dalle tavolette di cera ai tempi di Platone si è passati al computer. L'analogia tra la memoria e il computer è tuttora molto in voga e anche noi vi ricorreremo nel tentativo di rendere un po' più semplice ciò che in realtà è molto complesso. Una caratteristica del computer è quella di contenere una grande quantità di informazioni alle quali si accede rapidamente. In questo senso l'analogia della memoria con il computer è efficace, perché anche la nostra memoria contiene una grande quantità di informazioni ad accesso rapido. Un'altra caratteristica interessante del computer è che contiene due tipi di memoria che hanno funzioni diverse: una memoria Ram, limitata, che ha funzioni di memoria temporanea, e una memoria archivio, nella quale si può registrare una quantità di informazioni praticamente illimitata. Secondo gli psicologi cognitivi, analogamente a un PC, la mente è equipaggiata con due tipi fondamentali di memoria: una *memoria a breve termine*, che elabora le informazioni di cui siamo consapevoli momento per momento, e una *memoria a lungo termine*, che conserva informazioni per lunghi periodi di tempo. Questi due sistemi di memoria hanno caratteristiche e funzioni diverse. La memoria a breve termine ha una limitata capacità di immagazzinamento potendo contenere ed elaborare soltanto una piccola quantità di informazioni; inoltre, se queste non vengono in qualche modo trattenute, ad esempio ripetendole mentalmente o ad alta voce, vengono perse. Per contro, la memoria a lungo termine ha una capacità enorme, nel senso che può contenere un numero praticamente illimitato di informazioni che in essa risiedono in modo più o meno permanente.

Memoria di lavoro

La nozione di *memoria di lavoro* è piuttosto recente, risale agli anni '80, e ha in parte sostituito quella di memoria a breve termine. La memoria di lavoro conserva le caratteristiche di quella a breve termine – capacità limitata e mantenimento temporaneo delle informazioni –, ma rappresenta un sistema più complesso, articolato in diverse componenti. Non funziona semplicemente come magazzino temporaneo, ma piuttosto come elaboratore di informazioni durante l'esecuzione di differenti compiti cognitivi, come ad esempio la comprensione, l'apprendimento e il ragionamento.

L'importanza della funzione della memoria di lavoro risulta evidente in molte situazioni della vita quotidiana. Ad esempio, quando leggiamo, per poter capire un'intera frase, occorre tenere a mente la prima parte della frase mentre si continua la lettura. La comprensione del testo, man mano che leggiamo, richiede dunque la memoria di lavoro. Il ricordo di quanto letto a distanza di tempo si basa invece sulla memoria a lungo termine. Usando dei termini un po' tecnici, diciamo che la comprensione *on line* di quanto stiamo leggendo richiede la memoria di lavoro; mentre il ricordo *off line* di quanto abbiamo letto si basa sulla memoria a lungo termine. Anche quando facciamo un calcolo dobbiamo tenere a mente i risultati parziali per arrivare a quello finale. Operazioni e risultati parziali impegnano la memoria di lavoro. La memoria di lavoro si comporta dunque come la memoria Ram di un computer, ha una capacità limitata, le informazioni vi sono trattenute per il breve tempo necessario alla loro elaborazione e poi vengono sostituite da altre informazioni. È continuamente attiva perché noi elaboriamo continuamente informazioni.

Un modo per misurare la limitata capacità di immagazzinamento della memoria di lavoro è attraverso la prova di span di cifre con la quale si richiede a un soggetto di riprodurre una sequenza di cifre, comprese tra 0 e 9, nello stesso ordine in cui è stata presentata. La sequenza viene presentata una sola volta e la ripetizione avviene immediatamente dopo la presentazione. Una persona normale riesce a ricordare in media 7 cifre più o meno 2 (lo span medio misurato su un gruppo di soggetti adulti italiani è di 5,3). Un'esperienza quotidiana analoga alla prova di span è quella in cui dobbiamo memorizzare un numero di telefono che ci è stato lasciato nella segreteria telefonica. Se non siamo provvisti di una matita con la quale trascrivere il numero, possiamo tenerlo a mente soltanto per un tempo molto breve (a meno di non ripeterlo continuamente). Se poi veniamo distratti, ad esempio da una domanda, lo dimentichiamo. La domanda che ci è stata rivolta, per il semplice fatto di venire elaborata dalla nostra mente, impegna la nostra memoria di lavoro e sostituisce l'informazione precedentemente immagazzinata. È un'esperienza molto comune quella di non ricordare ciò che stavamo dicendo, se siamo distratti da qualcosa o qualcuno: questo è un altro esempio della temporaneità delle informazioni nella memoria di lavoro, così come lo è quello di una persona vittima di un trauma cranico, che non riesce a ricordare gli eventi che hanno preceduto l'incidente. In entrambe le situazioni le informazioni non sono state immagazzinate nella memoria a lungo termine e, quindi, non sono disponibili per un successivo ricordo.

Memoria e cervello

L'analogia con il computer è utile per spiegare il funzionamento della memoria. Tuttavia il nostro sistema di memoria risiede nel cervello e quindi concetti come quello di memoria di lavoro e di memoria a lungo termine devono avere una controparte neurale. Tra le diverse discipline che si sono occupate della relazione tra memoria e cervello, specifiche evidenze sperimentali a sostegno della distinzione tra queste due forme di memoria provengono in particolare dalla neurofarmacologia e dalla neuropsicologia.

Come è noto, le cellule nervose, o *neuroni*, sono agganciate le une alle altre in modo da potere trasmettere i segnali neurali. Il trasferimento dell'informazione tra due neuroni avviene in una giunzione chiamata *sinapsi.* I neuroni non si toccano realmente nelle sinapsi, l'impulso neurale viene trasmesso chimicamente attraverso una sostanza chiamata *neurotrasmettitore.*

È opinione condivisa dagli studiosi che il substrato biologico della memoria risieda in una alterazione permanente delle interconnessioni sinaptiche tra neuroni. Secondo una prima ipotesi, avvengono delle modifiche nella quantità di neurotrasmettitore che viene rilasciato a una particolare sinapsi; secondo un'altra ipotesi, la formazione dei ricordi comporta la crescita di nuove sinapsi, creando così più strade per lo scambio dei segnali chimici. Il processo mediante il quale i neuroni si modificano in modo da produrre nuovi ricordi viene chiamato *consolidamento.* Un neurotrasmettitore ritenuto essenziale per il consolidamento è l'acetilcolina la cui azione può essere bloccata da un farmaco, la scopolamina (tecnica del blocco colinergico). La somministrazione di scopolamina, dovrebbe dunque impedire che si formi una traccia di memoria a lungo termine.

Ci sono dei dati molto interessanti che indicano come l'effetto della scopolamina sia diverso a seconda che il compito di memoria coinvolga la memoria di lavoro o la memoria a lungo termine: questo rafforza l'idea che vi sia una differenza tra i due sistemi di memoria.

L'effetto della scopolamina su tre tipi di compiti di memoria è stato valutato mettendo a confronto le prestazioni di soggetti ai quali era stato somministrato il farmaco con quelle di soggetti ai quali non era stato somministrato (gruppi di controllo).

Nel caso del compito di span di cifre, compito che – come abbiamo visto – implica la memoria di lavoro, la somministrazione di scopolamina non produce nessun decremento della prestazione. Infatti, la prestazione dei soggetti che avevano assunto scopolamina era il 95% di quella dei soggetti del gruppo di controllo, cioè praticamente uguale.

L'effetto risultò minimo anche quando venne richiesto ai soggetti di ripetere sequenze di cifre più lunghe, appena sopra lo span. La prestazione dei soggetti a cui era stata somministrata la scopolamina fu pari al 78% di quella dei soggetti appartenenti al gruppo di controllo. La scopolamina produsse, invece, un marcato deterioramento della prestazione nei compiti che coinvolgono la memoria a lungo termine. Nell'esperimento il compito utilizzato era il seguente: ai soggetti venivano presentate liste di parole, che dovevano essere ricordate dopo un intervallo di tempo di 60 secondi, durante il quale i soggetti erano occupati a svolgere un compito distraente, ad esempio contare all'indietro per tre. La funzione del compito distraente era quella di impedire la ripetizione delle parole e, quindi, il loro mantenimento nella memoria di lavoro. La prestazione si basava dunque sul sistema di memoria a lungo termine, in quanto i sessanta secondi passati tra la presentazione della lista e la sua rievocazione garantivano che le informazioni ricordate venissero recuperate dalla memoria a lungo termine. Il livello della prestazione dei soggetti sotto l'effetto della scopolamina risultò essere circa il 50% di quello dei soggetti di controllo. Nel compito di rievocazione ritardata la scopolamina agiva contrastando il processo iniziale di formazione di nuovi ricordi.

Ritornando alla distinzione tra memoria di lavoro e memoria a lungo termine, in ambito neuropsicologico sono ben noti casi di pazienti che, in seguito a lesioni cerebrali di varia natura, hanno un funzionamento normale della memoria di lavoro, indicato ad esempio da uno span di cifre nella norma, e hanno un danno della memoria a lungo termine evidenziato da una quasi totale incapacità di acquisire nuove informazioni unita alla difficoltà nel ricordare eventi personali. Molto interessante, a questo proposito, è il caso di un paziente, H.M., che all'età di 27 anni aveva subito la rimozione dell'ippocampo, un estremo tentativo fatto per fermare le sue continue crisi epilettiche non trattabili con farmaci. Il suo caso illustra in modo convincente il diverso funzionamento dei due sistemi di memoria. H.M. aveva uno span di cifre nella norma ed era inoltre capace di tenere a memoria per 15 minuti il numero 584, elaborando in modo continuato complesse strategie che così descrive «È facile. Bisogna ricordarsi l'8 e poi la somma di 5, 8 e 4 che fa 17. Ti ricordi 8, lo sottrai da 17 e ti rimane 9. Dividi 9 in due parti e ottieni 5 e 4, ecco fatto: 584!». Pochi minuti dopo, durante i quali era impegnato in altre attività, H.M. non solo non ricordava il numero 584 né le strategie che gli avevano consentito di tenerlo a mente per un certo periodo di tempo, ma non ricordava neppure che gli era stato chiesto di ricordare un numero.

Il problema di H.M. era che le informazioni contenute nella memoria di lavoro, il cui normale funzionamento era indicato da uno span di memoria nella norma e dal fatto che riuscisse a tenere a mente un numero se continuava ad elaborarlo, non passavano successivamente nella memoria a lungo termine. Nelle persone normali invece questo di regola avviene. Ma la domanda che ci possiamo porre a questo punto è la seguente: tutte le informazioni che sono state nella memoria di lavoro vengono trasferite nella memoria a lungo termine?

Non è plausibile e sarebbe anche poco pratico che il nostro cervello venisse caricato con una infinità di eventi che per noi non hanno importanza. Una ipotesi più verosimile è che soltanto alcune delle informazioni che abbiamo elaborato passino nella memoria a lungo termine. La decisione di immagazzinare o scartare un'informazione raramente viene presa in modo consapevole. In generale, essa viene presa automaticamente dall'ippocampo, una piccola struttura situata in profondità al centro del cervello. Sembra che la decisione dell'ippocampo si basi su due fattori. Il primo è: l'informazione ha un particolare significato emotivo? Anche se ci viene detto una sola volta, ricordiamo bene il nome e la faccia di una persona che ci interessa in modo particolare! Il secondo fattore è: l'informazione riguarda cose che già conosciamo? Se noi abbiamo già molte conoscenze su un certo argomento, facilmente inseriamo la nuova informazione in un contesto noto. Ad esempio se già conosciamo la città di Sydney e la sua meravigliosa baia, sapere che quella baia si chiama Darling Harbour può destare un certo interesse e quindi può essere una informazione facile da immagazzinare. Questo nome può venire, per decisione dell'ippocampo, facilmente inserito nella nostra mappa mentale della città. Ad H.M., che era incapace di acquisire nuove informazioni, era stato infatti rimosso l'ippocampo, cioè proprio la struttura ritenuta responsabile del passaggio delle informazioni nella memoria a lungo termine.

L'organizzazione della memoria a lungo termine

Volendo continuare l'analogia con il computer, possiamo dire che la memoria a lungo termine si comporta come un disco rigido, nel quale vengono fisicamente registrate le esperienze passate. Ha una capacità di immagazzinamento delle informazioni praticamente illimitata e le informazioni vi possono risiedere per un tempo indefinito. Per essere efficiente la memoria a lungo termine, che è la sede di tutta la nostra conoscenza, deve essere organizzata. A differenza però del computer, che immagazzina i fatti separatamente, la nostra mente lavora costantemente per fare associazioni. Inoltre, le preesistenti associazioni vengono usate per catturare nuove informazioni. Questo fa sì che ognuno di noi di uno stesso evento possa ricordare aspetti diversi, a seconda delle sue conoscenze precedenti. I contenuti della memoria a lungo termine non sono quindi tra loro indipendenti, ma sono organizzati in base a certe caratteristiche.

Gli psicologi hanno proposto importanti distinzioni all'interno della memoria a lungo termine. La distinzione più rilevante è quella tra *memoria dichiarativa* e *memoria procedurale.* Per memoria dichiarativa s'intendono tutte quelle informazioni che siamo in grado di descrivere e sulle quali siamo in grado di riflettere, ad esempio il ricordo di un evento specifico, la data di compleanno di un familiare, il nome dei compagni di scuola, il contenuto di una conversazione, gli studi fatti. Invece per memoria procedurale s'intendono quelle informazioni che non siamo in grado di descrivere e che non sono oggetto di riflessione, come ad esempio alcune delle abilità che possediamo. Posso essere capace, ad esempio, di fischiettare un pezzettino del *Flauto magico* e nello stesso tempo non essere in grado di dire che tipo di conoscenza ho utilizzato per riuscire a mettere in atto... la mia esecuzione!

All'interno della memoria dichiarativa è stata proposta una ulteriore distinzione: quella tra *memoria episodica* e *memoria semantica.* La memoria episodica si riferisce ad eventi con un preciso contesto spazio-temporale. Ci consente di rispondere a domande del tipo: qual è l'ultimo film che hai visto? Che cosa hai fatto ieri sera? La caratteristica distintiva della memoria episodica è che riguarda i ricordi autoreferenziali, che si riferiscono cioè alla persona stessa che ricorda: per questo comporta la sensazione di rivivere l'esperienza dell'evento stesso. Così, ad esempio, nel ricordare l'ultimo film che ho visto, non ricordo soltanto il titolo e la trama del film, ma anche il cinema, la persona che mi accompagnava, forse anche il giorno in cui ci sono andata e cosa ho fatto all'uscita dal cinema. Nella maggior parte dei casi, una memoria di tipo episodico implica una qualche immagine dell'evento nell'«occhio» della nostra mente. I ricordi episodici sono alla base della nostra identità.

La memoria semantica contiene la conoscenza generale che abbiamo del mondo: concetti, regole, linguaggio. La sua caratteristica principale è che possiamo usare le conoscenze in essa contenute senza dovere fare riferimento alle circostanze in cui sono state acquisite. Così, «sappiamo» che l'area di un triangolo è data dalla base per l'altezza diviso due, senza ricordare come e quando abbiamo imparato tale regola. Le informazioni contenute nella memoria semantica e in quella episodica hanno in comune il fatto di essere accessibili alla nostra consapevolezza e di poter essere comunicate ad altri.

In una persona normale memoria semantica, episodica e procedurale sono sistemi tra loro interagenti, il cui contributo a un certo comportamento può variare nel tempo. Consideriamo come esempio il contributo congiunto di memoria semantica, episodica e procedurale nell'apprendimento della dattilografia. Esso implicherà l'apprendimento del luogo e orario del corso (memoria episodica) e l'apprendimento della disposizione delle lettere sulla tastiera in modo da potere disporre correttamente le dita su di essa (memoria semantica). Col procedere della pratica, battere a macchina diviene automatico e indipendente dalla capacità di ricordare la configurazione della tastiera; non si basa più quindi sulla memoria episodica e semantica, ma viene a fare parte della memoria procedurale. Quando a dattilografi esperti viene chiesto di ricordare la posizione dei tasti, spesso provano difficoltà e riescono a ricordare la posizione di alcune lettere soltanto cercando di batterle e notando la posizione delle dita sulla tastiera. Con la pratica, il movimento guidato dall'occhio si automatizza e l'occhio viene guidato dal movimento. Mentre, come abbiamo detto precedentemente, nelle situazioni della vita quotidiana i diversi tipi di memoria interagiscono tra loro, la distinzione tra memoria episodica, semantica e procedurale si è rivelata particolarmente utile nello studio dei pazienti amnesici. Questi pazienti, di cui parleremo più diffusamente in seguito, nel capitolo sui disturbi della memoria, presentano dei deficit molto marcati nella memoria episodica, mentre la loro memoria semantica rimane più o meno intatta. Questo fenomeno, chiamato *dissociazione*, suggerisce che memoria episodica e memoria semantica si basano su sistemi diversi che possono essere danneggiati l'uno indipendentemente dall'altro.

Un'altra distinzione proposta dagli psicologi è quella tra *memoria implicita* e *memoria esplicita*: essa si basa sulla relazione tra consapevolezza e memoria. Questa nuova distinzione non è in alternativa a quella precedente, bensì basata su un diverso criterio, ovvero sul fatto che il ricordo sia o no consapevole. Per memoria esplicita s'intende il ricordo consapevole e intenzionale di un evento passato. È il tipo comune di memoria, che riguarda tutte le situazioni in cui noi ripeschiamo

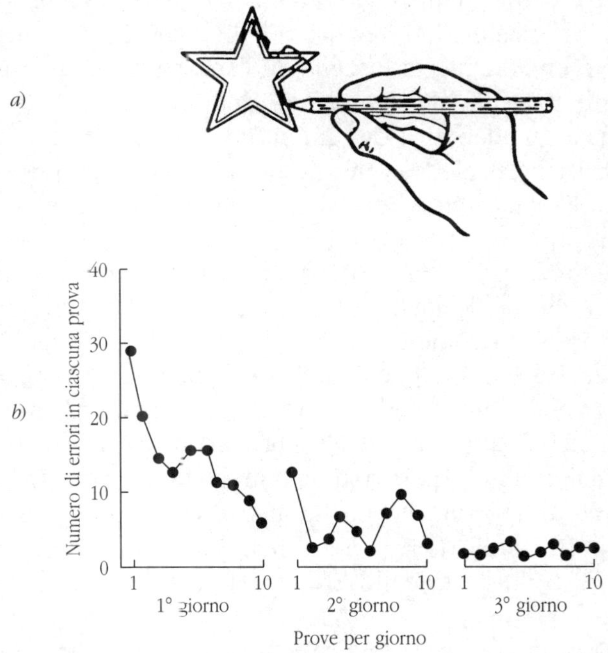

FIG. 1. La prestazione di H.M. nel compito di disegno (*a*) speculare in tre giorni consecutivi. Notiamo (*b*) che nel terzo giorno la prestazione è praticamente senza errori, anche se H.M. non alcun ricordo di avere svolto i compito in precedenti occasioni.

deliberatamente una informazione dalla nostra memoria. Per memoria implicita, invece, s'intendono quelle situazioni nelle quali il comportamento di una persona è influenzato da un evento passato, senza che ve ne sia la consapevolezza. Di nuovo la distinzione tra memoria implicita e memoria esplicita si è rivelata utile nel caso dei pazienti amnesici. La loro prestazione in particolari compiti rivela che c'è stato apprendimento, cioè accumulo di conoscenze e quindi memoria, senza che vi sia alcun ricordo esplicito degli episodi nei quali è avvenuto l'apprendimento.

Un esempio tratto dallo studio del paziente H.M. chiarirà quanto affermato. H.M. dimostrava di migliorare la sua prestazione in un compito di disegno allo specchio, che consiste nel tracciare una linea all'interno del doppio bordo di una stella disegnata guardando il disegno attraverso uno specchio (vedi fig. 1). La prestazione viene misurata in base agli errori commessi. Si considera errore una linea tracciata che esce dal doppio bordo.

Mentre il primo giorno H.M. commetteva diversi errori, il terzo giorno praticamente non ne faceva, dimostrando di avere appreso questo compito.

Tuttavia, e in modo alquanto sorprendente, H.M. negava di avere mai eseguito quel compito, dimostrando di non avere alcuna memoria esplicita dell'evento, ma di averne soltanto una implicita. Inoltre, H.M. non era in grado di formare nuove memorie di tipo semantico. Il tentativo di insegnargli il significato di 10 parole nuove non ebbe successo. Questi risultati vennero confermati dallo studio di numerosi altri pazienti amnesici.

Abbiamo visto in questo capitolo come l'esistenza di diversi tipi di memoria, proposta dagli psicologi cognitivi, abbia trovato conferma nello studio dei pazienti amnesici. Questo discorso verrà ripreso e illustrato con maggior dettaglio nel capitolo 8 dedicato ai disturbi della memoria. Passiamo ora a due processi fondamentali del nostro sistema di memoria: ricordare e dimenticare.

2. *Ricordare e dimenticare*

Ricordare

L'atto di ricordare consiste in una ricerca nella memoria a lungo termine attraverso la quale le informazioni collegate con un certo evento vengono localizzate e riportate alla consapevolezza. L'atto di ricordare, tuttavia, non richiede soltanto la ricerca, ma anche la ricostruzione degli eventi passati, che talvolta può essere sensibile ai cambiamenti che si verificano durante la nostra esistenza e al contesto sociale nel quale ci troviamo a interagire. Il fatto che ricordare sia un processo ricostruttivo solleva il problema di quanto siano accurati i nostri ricordi e di quali circostanze influiscano sull'accuratezza del ricordo (vedi cap. 5).

Alcuni ricordi emergono più facilmente di altri e alcune condizioni facilitano più di altre il loro recupero. Gli psicologi distinguono tre modi di ricordare che illustriamo con un esempio.

Supponiamo che un soggetto debba imparare una lista di 20 parole e abbia a disposizione un minuto di tempo. Possiamo valutarne il ricordo in modi diversi:

1) con un test di *rievocazione libera*, nel quale si richiede al soggetto di ripetere le parole della lista, in un ordine qualsiasi, senza fornire alcun aiuto esterno;

2) con un test di *rievocazione suggerita*, in cui vengono forniti aiuti (ad esempio, se nella lista era presente la parola

«gatto» e il soggetto non la ricorda, gli viene chiesto: «una delle parole è un animale?»);

3) con un test di *riconoscimento*, in cui le parole che facevano parte della lista («parole vecchie») vengono mescolate ad altre («parole nuove») e al soggetto viene richiesto di indicare quali parole facevano parte della lista precedentemente mostrata.

I risultati degli esperimenti in cui sono stati somministrati i tre tipi di test per misurare la memoria sono i seguenti: la miglior prestazione si ha con il test di riconoscimento e la peggiore con la rievocazione libera. Questi risultati d'altra parte corrispondono alla nostra esperienza di ogni giorno. Se ci chiedono qual è l'autore di un certo libro, può succedere che non siamo in grado di dirlo se non ci viene fornito alcun aiuto (rievocazione libera), ma forse riusciamo a ricordarlo se ci viene suggerita la sua iniziale (rievocazione suggerita) e certamente siamo in grado di riconoscerlo se ci viene indicato assieme ad altri (l'autore è Camilleri o Piazzese?).

Come si può spiegare la superiorità del riconoscimento rispetto alla rievocazione? Secondo una teoria condivisa dagli studiosi, ricordare è un processo in cui l'informazione disponibile al momento del ricordo interagisce con quella immagazzinata in memoria. Tanto più le due informazioni sono simili, tanto maggiore sarà la probabilità di ricordare in modo corretto. Ritornando all'esempio precedente, quello della lista di parole, nel caso del riconoscimento c'è sovrapposizione totale fra le due informazioni, in quanto l'informazione fornita per il recupero coincide con quella immagazzinata; nella rievocazione suggerita ci può essere una sovrapposizione parziale solo nel caso in cui l'informazione fornita al momento del recupero coincida con quella immagazzinata. Il suggerimento può non essere di alcun aiuto se l'informazione in esso contenuta non faceva parte dei nostri ricordi.

In questa spiegazione gioca un ruolo fondamentale la nozione di *contesto*, dove per contesto s'intendono tutte quelle informazioni che vengono associate a un ricordo specifico e che lo rendono distinguibile dagli altri. Un buon esempio di quanto il contesto possa essere importante è la difficoltà che tutti abbiamo provato nel riconoscere una persona quando la incontriamo in un contesto del tutto diverso da quello solito: ad esempio se incontriamo il nostro meccanico di fiducia su una pista da sci. In questo caso il contesto è variato: invece dell'officina una pista innevata, invece della tuta da meccanico quella da sciatore. Il contesto può riferirsi anche soltanto ad una parte dell'oggetto da ricordare: in questo caso si parla di *contesto intrinseco*. La variazione del contesto intrinseco, ad esempio un cambiamento del colore dei capelli o della pettinatura, rende più difficile il riconoscimento di una persona.

Dimenticare

Siamo tutti ben consapevoli che, col passare del tempo, la memoria sbiadisce. Subito dopo avere visto un film siamo in grado di raccontarlo con abbondanza di particolari, ricordiamo i nomi degli attori, del regista, alcune inquadrature, ma a distanza di tempo il nostro ricordo non è più così preciso. Nella nostra esperienza quotidiana, non possiamo fare a meno di constatare come a volte la memoria non ci assista. Può capitare di non riuscire a ricordare il nome di una persona che pur conoscevamo bene. L'insuccesso può essere temporaneo o definitivo. Possiamo dimenticare completamente, oppure ricordare in maniera confusa e del tutto insoddisfacente concetti che avevamo studiato a fondo, con dispendio di tempo e di energie, e che eravamo arrivati a padroneggiare. Esempi di questo tipo abbondano e hanno motivato e motivano tuttora la ricerca sperimentale volta a spiegare il fenomeno dell'oblio.

Abbiamo perso per sempre quelle informazioni che avevamo registrato in memoria oppure non riusciamo semplicemente a ritrovarle? E riusciremmo a recuperarle, se soltanto avessimo il «giusto» aiuto?

A questo proposito sono interessanti i risultati di una ricerca condotta su un gruppo di studenti ai quali era stata posta la seguente domanda.

Quale delle seguenti affermazioni riflette la vostra opinione sul funzionamento della memoria?

1. Ogni cosa che apprendiamo è immagazzinata in modo permanente nella nostra mente, anche se talvolta qualche dettaglio non è accessibile. Mediante l'ipnosi, o qualche altra tecnica speciale, questi dettagli inaccessibili possono venire alla fine riportati alla coscienza.
2. Alcuni dettagli di ciò che abbiamo appreso possono venire irrimediabilmente perduti dalla memoria e non possono essere recuperati né mediante l'ipnosi, né mediante altre tecniche speciali, perché questi dettagli non ci sono più.

Circa due terzi delle persone scelsero l'affermazione 1, nella comune convinzione che un evento, una volta esperito rimane permanentemente immagazzinato nel cervello e che, di conseguenza, il fatto di «non ricordare» sia dovuto a un mancato recupero dell'informazione.

Che cosa dice la ricerca a proposito dei fattori responsabili dell'oblio? E prima ancora, che cosa dice la ricerca a proposito di quanto dimentichiamo col passare del tempo?

Quanto dimentichiamo col trascorrere del tempo

La prima ricerca sull'oblio venne condotta più di cento anni fa e i principali risultati sono tuttora riportati nei libri di testo sotto forma di *curva dell'oblio*. Questa prima ricerca fu condotta da un solitario studioso tedesco, Ebbinghaus, che, usando se stesso come soggetto dell'esperimento, apprese un numero sterminato di liste di sillabe senza significato per verificare quante ne dimenticava col passare del tempo. La scelta di materiale senza significato era dovuta al fatto di volere studiare i fattori che determinano l'apprendimento e l'oblio di nuove associazioni basate non sul significato, ma sulla contiguità temporale. Ebbinghaus dimostrò che, quando si apprendono liste di sillabe senza senso (del tipo consonante-vocale-consonante, ad es. S I R), inizialmente l'oblio è molto rapido (circa il 40% del materiale appreso viene dimenticato dopo 20 minuti, e il 65% dopo un'ora) e che in seguito l'oblio procede molto più lentamente, aumentando soltanto del 5% tra il secondo e il trentunesimo giorno dal momento dell'apprendimento.

Di fronte a questi risultati si può con una certa ragione obiettare che la situazione studiata era del tutto artificiale e che nella realtà della nostra vita quotidiana non si ha un così rapido e devastante oblio. Infatti, quando da studi di laboratorio si passa a studi naturalistici fatti di recente, la situazione che emerge è molto più ottimistica: ad esempio si è trovato che, anche a distanza di 50 anni, dimentichiamo ben poco del vocabolario e della grammatica di una lingua straniera e che ricordiamo abbastanza bene facce e nomi. Ci sono anche dati che indicano come alcuni siano in grado di riportare in modo attendibile fatti accaduti a circa tre anni di età.

Anche se questi particolari risultati sembrano confortare l'opinione diffusa che gli eventi vengono registrati in memoria in modo permanente, secondo fonti autorevoli i risultati sperimentali fino ad oggi disponibili non confermano in nessun modo l'opinione che tutti i ricordi siano permanenti e quindi potenzialmente recuperabili.

Perché dimentichiamo

Nell'ambito dell'indagine psicologica sono state proposte diverse teorie sulle cause dell'oblio. Alcune di queste sono state particolarmente influenti. Secondo una delle prime teorie, che risale agli anni '20, l'andamento dell'oblio seguirebbe la cosiddetta «legge del disuso», in base alla quale i ricordi si deteriorano naturalmente col passare del tempo, se non vengono riutilizzati. L'oblio viene dunque concettualizzato come un processo naturale, fisiologico, inevitabile. Per diversi motivi, questa teoria non ebbe una lunga esistenza, soprattutto se paragonata ad altre, come ad esempio la teoria dell'interferenza di cui parleremo successivamente. Innanzi tutto si trattava di una teoria difficile da verificare sul piano sperimentale. Era, ed è tuttora difficile isolare – indipendentemente da altri fattori – l'influenza del tempo sul ricordo. Se l'intervallo temporale tra quando abbiamo appreso e quando testiamo il ricordo è lungo, quanto avviene nel frattempo non è controllabile in laboratorio. È dunque sempre possibile che insieme al tempo influiscano sul ricordo altre variabili. Inoltre, ipotizzare che sia il tempo il fattore determinante dell'oblio non costituisce una spiegazione, a meno che siamo anche in grado di specificare l'evento che, nel tempo, causa l'oblio. Consideriamo una semplice analogia: sappiamo che col tempo i chiodi arrugginiscono; tuttavia la causa della ruggine non è il tempo, ma un processo di ossidazione. Dunque, a meno che non siamo in grado di specificare che cosa avviene nel tempo alle tracce di memoria, la legge del disuso è una constatazione e non una spiegazione.

Una spiegazione alternativa su cui gli psicologi hanno concentrato la loro attenzione per diversi decenni è quella dell'*interferenza.* Secondo questa teoria non è il tempo il fattore principale responsabile dell'oblio, bensì l'interferenza che si produce quando ricordi diversi vengono associati a uno stesso elemento, sia questo un oggetto fisico, una parola, un concetto o una situazione.

Cerchiamo di spiegare in termini semplici la teoria dell'interferenza. Alla sua base sta l'ipotesi che tutto l'apprendimento consista nella formazione di associazioni del tipo *A-B.* Chiaramente questa è un'ipotesi molto semplicistica che può spiegare in modo soddisfacente soltanto alcuni tipi di apprendimento. Ad esempio, cruciale per l'apprendimento di una lingua straniera è l'acquisizione di un nuovo vocabolario, che consiste nell'associare alla parola italiana quella corrispondente nella lingua che si vuole apprendere. Nel caso dell'inglese, alla parola «tavolo» viene associata la parola «table», alla parola «cervello» la parola «brain», e così via.

Col procedere dell'apprendimento, alcune delle associazioni avranno elementi in comune: ad *A*, oltre che *B*, può venire associato *C*. Ad esempio, per chi imparasse dopo l'inglese anche il tedesco, alla parola «tavolo» dovrebbe associare «tische». Le associazioni «tavolo-table» e «tavolo-tische» condividono l'elemento «tavolo» In questa situazione, scatta il fenomeno dell'interferenza, dovuto al fatto che sia «table» che «tische» possono venire recuperate dalla memoria in relazione a «tavolo». L'interferenza può agire in due modi: in uno la precedente associazione *A-B* interferisce (rallenta) con l'apprendimento di quella nuova e allora si parla di *interferenza proattiva*, cioè di un disturbo da parte di ciò che è stato appreso su quanto si deve apprendere; in un secondo modo la nuova associazione *A-C* interferisce con il ricordo di quella vecchia *A-B*, e in questo caso si parla di *interferenza retroattiva*, un tipo di interferenza che agisce all'indietro nel tempo, indebolendo il ricordo di quanto appreso in precedenza. Queste due forme di interferenza sono state ripetutamente rilevate in esperimenti condotti in laboratorio utilizzando liste di parole e liste di coppie di parole o di sillabe e, come dicevamo precedentemente, sono state studiate in modo dettagliato fino agli anni '70.

Anche nella vita quotidiana è possibile individuare situazioni in cui è riconoscibile l'azione dell'interferenza: basti pensare alle difficoltà incontrate quando, cambiando macchina, si deve cambiare anche il modo di ingranare la retromarcia. In questo caso *A* rappresenta la leva del cambio, *B* il movimento che facevamo nella macchina vecchia – spingere in basso e spostare in avanti a sinistra –, *C* il movimento da effettuare nella macchina nuova – spingere in basso e spostare indietro a destra. Ci troviamo nella circostanza in cui, a uno stesso elemento, la leva del cambio, sono associati due diversi movimenti per cui succede spesso di avere dei momenti di esitazione, perché il «vecchio» movimento interferisce con quello nuovo!

Anche se il fenomeno dell'interferenza è evidente ed è stato ampiamente dimostrato, non così certa è la sua spiegazione e neppure la sua capacità di spiegare tutto o gran parte del fenomeno dell'oblio. Il limite maggiore della spiegazione dell'oblio come effetto dell'interferenza sta nel fatto che essa si basa su una concezione della nostra conoscenza come insieme di semplici associazioni.

Un'altra spiegazione dell'oblio è quella detta del «mancato immagazzinamento». Essa sostiene che alcune informazioni vengono dimenticate perché non sono mai passate nella memoria a lungo termine. Alla base di questa spiegazione sta il concetto di *consolidamento* secondo cui esistono processi biologici che rendono stabile una traccia di memoria. Quando questi processi biologici vengono in qualche modo contrastati – ad esempio con la somministrazione di farmaci –, allora l'informazione presente nella memoria di lavoro non passa nella memoria a lungo termine e viene persa. Osserviamo che questa è una situazione diversa da quella prospettata nell'affermazione 1, dove si ipotizzava una perdita del ricordo in seguito a una sua sparizione dalla memoria a lungo termine.

Consideriamo infine la spiegazione dell'oblio in termini di «mancato recupero», secondo la quale, come descritto nell'affermazione 1, il non ricordare è dovuto al fatto che non riusciamo a recuperare il ricordo che ci interessa e che è presente in qualche parte della nostra memoria. In questo momento stiamo utilizzando una metafora spaziale perché ci riferiamo alle «posizioni» dei ricordi nel «luogo-memoria». È una spiegazione questa che ha ricevuto e sta ricevendo molta attenzione in ambito psicologico, dove numerose ricerche hanno mostrato che, quando il contesto del recupero è simile a quello in cui è avvenuto l'apprendimento, il ricordo è migliore rispetto al caso in cui i due contesti sono diversi.

Abbiamo già parlato di contesto, definendolo come l'insieme delle informazioni che vengono associate a un ricordo specifico e che lo rendono distinguibile dagli altri e abbiamo portato l'esempio di come variazioni nel contesto intrinseco peggiorino il ricordo. Consideriamo ora altri «effetti-contesto» che si manifestano quando si varia il *contesto estrinseco* tra la fase dell'apprendimento e quella del ricordo. In una curiosa ricerca condotta in Inghilterra è stato esaminato il ricordo in due ambienti diversi, a terra e sott'acqua, trovando che il ricordo era migliore quando l'apprendimento avveniva nello stesso ambiente in cui aveva luogo successivamente il test di memoria: per le persone che avevano imparato sott'acqua (o a terra) il ricordo era migliore quando veniva testato sott'acqua (o a terra). Anche il semplice cambiamento di stanza tra il momento in cui avviene l'apprendimento e il momento del test può peggiorare il ricordo, ma soltanto nel caso in cui il test di memoria avviene senza che il soggetto ne sia stato preventivamente informato! Il contesto ambientale può anche influenzare l'accuratezza del ricordo dei testimoni (vedi cap. 5). Per contesto s'intendono anche le condizioni generali dell'organismo e lo stato d'animo della persona. È stato studiato l'effetto dell'alcol e dei farmaci e quello dell'umore sul ricordo, allo scopo di dimostrare il rapporto che esiste fra il «mancato recupero» e la differenza tra il contesto, nei suoi diversi significati, in cui avviene l'apprendimento e il contesto in cui avviene il test di memoria.

Abbiamo finora parlato della memoria in termini piuttosto generali, descrivendone il funzionamento, introducendo le più importanti distinzioni tra i diversi tipi di memoria a lungo termine e descrivendo i due processi fondamentali: ricordare e dimenticare. Ci troviamo nella posizione di chi conosce abbastanza nel dettaglio la mappa di un certo luogo: sappiamo come si distribuiscono gli edifici e le vie di comunicazione, però non abbiamo ancora visitato nel concreto nessuno degli edifici e non abbiamo passeggiato in nessuna delle strade. Nei prossimi capitoli prenderemo in considerazione delle situazioni specifiche, scelte per la loro rilevanza nella vita di tutti i giorni. Iniziamo dalla memoria per i luoghi.

3. *La memoria per i luoghi*

Memoria visiva e memoria spaziale

La nostra capacità di muoverci nell'ambiente circostante comporta sia il riconoscimento visivo di particolari punti di riferimento (monumenti, edifici, incroci, stazioni di servizio – *memoria visiva*), sia la conoscenza della loro relazione spaziale e soprattutto la corretta valutazione di come è posizionato il soggetto che si muove rispetto a essi (*memoria spaziale*). Basti pensare all'uso di entrambi questi tipi di informazione quando chiediamo o diamo informazioni stradali. Ecco un esempio di indicazione stradale, fornita da un passante a una persona che gli aveva chiesto come raggiungere un certo negozio di articoli sportivi:

> Prosegui dritto per questa strada fino a che trovi sulla tua destra un'edicola di giornali. Appena l'hai oltrepassata, gira a destra e continua sulla destra fino al terzo incrocio. Arrivato a questo punto, attraversa la strada, prosegui tenendoti sulla sinistra finché incontri un chiosco di fiori. Il negozio si trova proprio di fronte.

Per dare una indicazione stradale di questo genere, dobbiamo tradurre in parole una rappresentazione mentale dello spazio che contiene sia elementi visivi (l'edicola dei giornali, l'incrocio, il chiosco di fiori), sia elementi spaziali di posizione (il negozio di articoli sportivi si trova proprio davanti al chiosco dei fiori), di direzione («gira a destra») e di distanza («prosegui dritto fino all'edicola dei giornali»).

Forse uno degli aspetti più interessanti che la recente ricerca psicologica ha messo in evidenza è che la memoria spaziale va distinta dalla memoria visiva. La memoria visiva registra le caratteristiche visive – forma, colore, dimensione – di un oggetto o di una persona. Ad esempio, sulla base della memoria visiva siamo in grado di riconoscere una faccia, di dire che i segnali autostradali sono di colore verde, che la coda di un lupo è più lunga di quella di una capra e quali sono i particolari di un certo edificio. La memoria spaziale, invece, contiene informazioni relative alla posizione, alla distanza e all'orientamento di un oggetto rispetto a un altro. Ci consente, ad esempio, di ritrovare la macchina dove l'abbiamo parcheggiata, di indicare con un gesto della mano a un passante in che direzione deve andare per trovare un certo ristorante, di disegnare la pianta della casa in cui viviamo, di descrivere e percorrere tragitti familiari per andare da un posto all'altro. La memoria spaziale è alla base delle nostre capacità di orientamento.

Un caso di disturbo della memoria spaziale

Secondo alcuni studiosi noi abbiamo un sistema di memoria spaziale che è separato dagli altri sistemi di memoria e che può venire selettivamente danneggiato. A questo proposito è molto interessante il caso di un paziente che chiamerò signor M.R. A 65 anni M.R., un commerciante del settore marittimo in pensione, venne diagnosticata una disfunzione cerebrale dell'emisfero destro. Nella vita di tutti i giorni presentava dei problemi cognitivi molto insoliti: spesso non riusciva a trovare la strada anche in un ambiente a lui ben noto, a volte perdeva l'orientamento nella sua stessa casa, finendo nella stanza da letto, anziché nel bagno dove era diretto.

Un esame approfondito delle sue abilità cognitive rivelava un quadro molto interessante che ci permette di illustrare la distinzione tra memoria visiva e memoria spaziale. M.R. aveva una prestazione nella norma in un test di riconoscimento di facce. In questo test a M.R. venivano mostrate una alla volta 50 facce maschili non familiari. Subito dopo gli si faceva vedere una coppia di facce. Una di queste gli era stata già mostrata in precedenza, l'altra era nuova. Il compito di M.R. era quello di indicare quale delle facce aveva precedentemente visto. In 40 casi la risposta data era corretta. Inoltre M.R. era in grado di riconoscere in modo piuttosto accurato le forme di paesi e continenti, esattamente come ci si sarebbe aspettati da un uomo della sua professione. Quando gli venivano mostrate 12 forme ritagliate di paesi e continenti (Africa, Australia, Gran Bretagna, Irlanda, Italia, Nuova Zelanda, Arabia Saudita, Scandinavia, Sud America, Spagna) era in grado di indicare correttamente la forma corrispondente al paese o continente 11 volte su 12. Tuttavia quando gli veniva chiesto di disporre le forme nella loro corretta relazione spaziale egli collocava le figure quasi a casaccio. Il mondo per M.R. aveva una forma davvero insolita!

Non soltanto era stato danneggiato il ricordo a lungo termine di relazioni spaziali che prima gli erano ben note, ma era stata compromessa anche la sua memoria spaziale a breve termine, secondo quanto si poteva misurare con il test di Corsi, nel quale si richiede di ricordare una sequenza di posizioni nello spazio. Il test funziona come segue. Al paziente viene presentata una tavoletta di legno sulla quale sono fissati in modo sparso nove cubetti di legno. Lo sperimentatore tocca i cubetti uno dopo l'altro secondo una sequenza che il soggetto deve riprodurre toccando a sua volta i cubetti. La prima serie è composta da un solo cubetto, la seconda da due, poi da tre e così via, fino a un massimo di nove. Ogni serie è diversa dall'altra.

Si tratta di una prova di memoria spaziale a breve termine, in quanto il soggetto deve tenere a mente, per un breve periodo di tempo, le posizioni dei cubetti toccati dallo sperimentatore. I soggetti normali possono ricordare in media sequenze di quattro o cinque cubetti. La prestazione di M.R., invece era la seguente: nove volte su dieci ricordava sequenze di un solo cubetto, nove volte su dieci sequenze di due, tre volte su dieci sequenze di tre. Non riusciva in nessun caso a ricordare sequenze di quattro o cinque cubetti. Il tentativo di insegnargliene una, ad esempio, ripetendo più volte una sequenza di sei cubetti, si rivelò infruttuoso. Anche dopo 15 tentativi M.R. riproduceva la sequenza in modo completamente sbagliato.

Un'altra operazione che M.R. non era in grado di fare era quella di ruotare mentalmente un'immagine. È l'operazione che dobbiamo fare quando, ad esempio, lasciamo la macchina in un parcheggio e, al momento di riprendere la macchina, entriamo nel parcheggio da una direzione diversa da quella da cui eravamo usciti. Per ritrovare la macchina, dobbiamo essere in grado di rappresentarci la disposizione del parcheggio da un'angolatura diversa da quella in cui l'abbiamo vista quando, parcheggiata la macchina, ci siamo avviati verso l'uscita: dobbiamo cioè essere in grado di compiere una rotazione mentale.

Nel test delle bandiere al soggetto viene presentato il disegno di una bandiera in bianco e nero e gli si chiede di indicare quali delle altre 6 bandiere situate alla destra sono una rotazione della prima (vedi fig. 2).

Per riuscire a dare la risposta corretta bisogna tenere a mente la bandiera campione ruotarla mentalmente e paragonare la rotazione mentale con ciascuna delle sei bandiere. Il test è composto da 126 righe di bandiere e al soggetto vengono dati cinque minuti per completarne il maggior numero possibile. Una persona senza particolari problemi riesce in media a dare 70 risposte corrette. M.R., non era in grado di completare neppure una riga del test. Quando guardava le bandiere sulla destra aveva già dimenticato la bandiera sulla sinistra dimostrando di non essere in grado di compiere una rotazione mentale.

La distinzione fra memoria visiva e memoria spaziale appare in tutta la sua evidenza nel comportamento di pazienti con particolari danni cerebrali. Abbiamo visto che il danneggiamento della memoria spaziale riduce in M.R. la sua capacità di

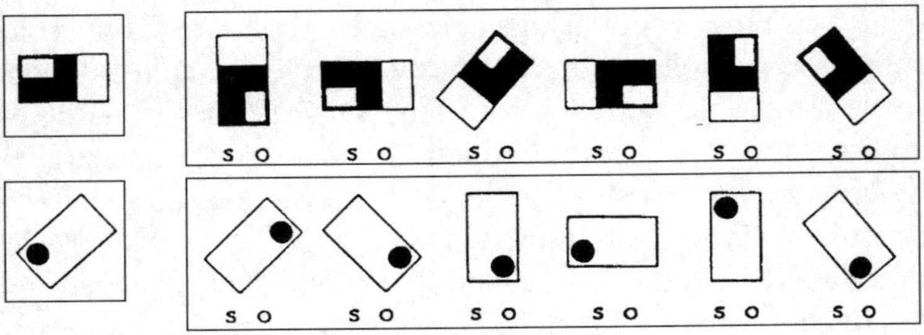

FIG. 2. Due esempi del test delle bandiere.

Nota: Nel primo esempio sia la quarta che la quinta bandiera del gruppo di sei sono rotazioni della bandiera campione. Nel secondo esempio la prima e l'ultima bandiera del gruppo di sei sono rotazioni della bandiera campione. Il simbolo *S* sta per «stessa», *O* per «opposta».

orientamento al punto da impedirgli di condurre una vita normale.

Differenze individuali nelle capacità di orientamento

La capacità di orientarsi è cruciale per muoversi adeguatamente nell'ambiente circostante, tuttavia sembra distribuirsi in modo diseguale tra le persone. Alcuni di noi sono molto bravi nel ricordare percorsi, nel trovare percorsi alternativi o nell'impararne di nuovi. Altri, invece, si autodefiniscono del tutto incapaci a muoversi in ambienti nuovi e, quando devono andare da un posto all'altro, fanno affidamento su percorsi fissi, memorizzati con cura.

Ma a cosa è dovuta la capacità di orientarsi? È automatica in alcune persone o è possibile impararla così come impariamo a leggere e a scrivere? Il problema è stato affrontato dagli psicologi da diversi punti di vista giungendo alle seguenti conclusioni. Innanzi tutto è stato verificato che siamo in grado di valutare piuttosto accuratamente la nostra capacità di orientamento. In una recente indagine è stato chiesto a un gruppo di studenti universitari di valutare la propria abilità di orientamento dandosi un punteggio su di una scala a 7 punti. Al valore 1 corrispondeva la valutazione «molto scarsa» e al valore 7 quella di «eccellente». L'effettiva abilità di ogni studente è stata poi misurata con una serie di prove. Tra queste: indicare la posizione di alcuni edifici del loro campus universitario in una situazione in cui questi non erano visibili; stimare le distanze in linea d'aria tra coppie di edifici; posizionare su di una mappa incompleta del campus sei dipartimenti o istituti. È risultato che gli studenti che pensavano di avere una buona capacità di orientamento erano anche quelli che eseguivano meglio le prove effettive. Questi risultati ci informano che siamo in grado di valutare la nostra conoscenza di uno spazio a noi familiare, ma non ci consentono ancora di rispondere alla domanda se vi siano persone che più facilmente di altre apprendono la disposizione nello spazio degli elementi salienti dell'ambiente, né a che cosa sia dovuta la loro eventuale superiore capacità. Per studiare questi aspetti è stata condotta una ricerca nella quale veniva chiesto a un gruppo di persone di studiare la mappa di un ambiente immaginario come quello presentato in figura 3.

Ai soggetti veniva richiesto di imparare la posizione assoluta e relativa degli edifici e delle strade. Lo studio della mappa era organizzato in sei prove. I risultati della ricerca misero in evidenza forti differenze individuali. Il migliore tra i soggetti era in grado di ricordare tutti gli elementi della mappa alla quinta prova mentre il peggiore ne ricordava soltanto il 19%. Tuttavia il risultato più interessante dello studio fu quello relativo alle diverse strategie usate, nell'apprendere la mappa, dai «bravi» e dai «meno bravi». I «bravi» differivano dai «meno bravi» principalmente in tre punti:

1) distribuzione dell'attenzione: i «bravi» dividevano la mappa in settori e si concentravano su un settore alla volta. I «meno bravi» cercavano di imparare la mappa nel suo insieme adottando una strategia globale;

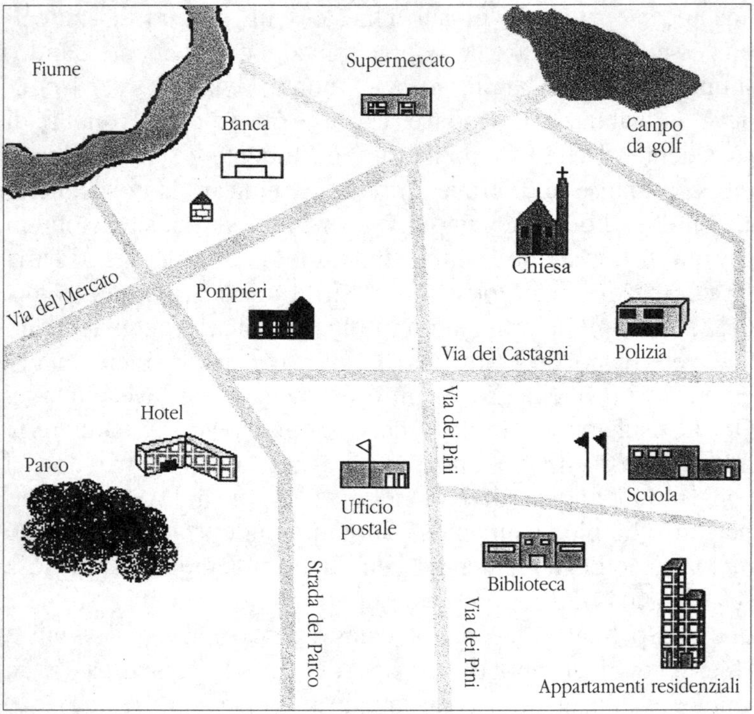

FIG. 3. La mappa di una città immaginaria.

2) i «bravi» utilizzavano delle immagini visive, mentre i «meno bravi» cercavano di memorizzare edifici e posizioni mediante una strategia verbale, ad esempio «il campo da tennis si trova tra... e tra»;

3) i «bravi», a differenza dei «meno bravi», verificavano il loro apprendimento ritornando sugli elementi non ancora appresi in modo soddisfacente.

Possiamo allora concludere che è tutta una questione di metodo e che, usando il metodo giusto, la capacità di orientamento, o almeno la capacità di memorizzare una mappa può essere appresa? Non è proprio così. Certamente un metodo può essere più efficace di un altro, ma sembra che alcune abilità di base costituiscano un prerequisito. Le istruzioni a usare immagini visive possono essere particolarmente efficaci, ma non tutti sono ugualmente in grado di formare delle immagini visive.

Due tipi di conoscenza dello spazio: «route» e «survey»

Lo studio di una mappa non è l'unico modo per arrivare a una conoscenza dello spazio. Altri modi possibili sono l'esplorazione diretta e la descrizione verbale. A queste diverse modalità di apprendimento, a parità di apprendimento, corrisponde un tipo unico di conoscenza oppure tipi di conoscenza diversi? In altri termini, la conoscenza che una persona si forma in seguito all'esplorazione diretta dell'ambiente è in qualche modo diversa da quella che si forma studiando una mappa?

Questo problema è stato affrontato in uno studio condotto negli Stati Uniti nel quale veniva valutata la conoscenza di un campus universitario in due gruppi di soggetti: uno composto da studenti che abitualmente frequentavano quel campus, l'altro da persone che ne avevano studiato la mappa. Venne somministrata una serie di test in cui si chiedeva di:

a) valutare la distanza tra due elementi sia in linea d'aria che in termini di percorso (test di distanza);

b) indicare in quale direzione si trovava un edificio quando si era posizionati in un certo punto; indicare in quale direzione si trovava un edificio quando si *immaginava* di essere posizionati in un certo punto (test di direzione);

c) segnare la posizione di un elemento su di una mappa incompleta (test di posizione).

I risultati indicarono che la prestazione nei test risentiva della modalità di apprendimento: i soggetti che avevano esplorato direttamente l'ambiente riuscivano meglio a valutare le «distanze-percorso» e a indicare le direzioni; quelli che avevano studiato la mappa riuscivano meglio a valutare le distanze in

«Descrizione-percorso»
Il centro agricolo

Il centro agricolo è un posto molto organizzato ed è molto famoso nella zona in quanto vi si producono alimenti naturali e ottimi per la salute. Puoi raggiungere il centro agricolo imboccando la statale 125 a ovest, dove incrocia il fiume Rosa. Dalla statale 125 vedrai, di fronte a te sulla tua sinistra, il centro agricolo stagliarsi in lontananza. Percorrendo ancora la statale, puoi vedere sulla tua sinistra l'inizio della via della Montagna che conduce al centro agricolo. Gira per via della Montagna e vedi che parte del centro agricolo si dispone alla tua destra e parte alla tua sinistra. Dritto di fronte a te puoi vedere la via della Montagna sparire nelle Montagne Rosa. Durante l'inverno le Montagne Rosa si ricoprono di neve. All'inizio di via della Montagna vedi sulla tua destra il fienile dove viene immagazzinato il foraggio per gli animali. Sulla tua sinistra, all'altezza del fienile, vedi un grande pozzo. L'acqua che proviene dal sottosuolo è sempre molto fredda e limpida. Percorrendo ancora via della Montagna, oltre il pozzo, potrai vedere l'orto. Nell'orto il fattore riesce a produrre quasi tutti i tipi di verdure per sé e per i suoi animali. Proseguendo per via della Montagna, oltrepassato l'orto, sempre sulla tua sinistra, vedrai l'abitazione del fattore. L'abitazione del fattore è grande e funzionale; al suo interno si trovano molte stanze grandi e accoglienti. Gli animali domestici circolano liberamente davanti all'abitazione. Guardando alla tua destra, dalla parte opposta dell'abitazione, vedrai la stalla. Gli automobilisti che sono diretti alle Montagne Rosa devono prestare molta attenzione, in quanto spesso i cavalli attraversano la via della Montagna. Una volta arrivato alla stalla, torna indietro ripercorrendo la via della Montagna. Dritto di fronte a te vedrai nuovamente la statale 125 da cui sei arrivato.

linea d'aria e a segnare le posizioni sulla mappa. Inoltre i soggetti che avevano appreso la disposizione spaziale del campus universitario attraverso una esplorazione diretta valutavano distanze e posizioni relative in termini egocentrici – autoreferenziali – e di percorso («... per andare dalla biblioteca ai campi sportivi devo percorrere tutta la Main e poi girare a destra sulla Jefferson...

«Descrizione-dall'alto»
Il centro agricolo

Il centro agricolo è un posto molto organizzato. È delimitato su tre lati dal fiume Rosa, dalla statale 125 e dalle Montagne Rosa. Il centro agricolo è molto famoso nella zona, in quanto vi si producono alimenti naturali e ottimi per la salute. A nord del centro agricolo si trovano le Montagne Rosa. A sud si trova la statale 125 che va da est verso ovest. Durante l'inverno le Montagne Rosa si ricoprono di neve. Il fiume Rosa scorre da nord a sud lungo il lato ovest del centro agricolo. Dalla statale 125 ha origine via della Montagna che, attraversando il centro agricolo, collega la statale alle Montagne Rosa. Una parte del centro agricolo sta a est della via della Montagna, a nord della statale 125 e comprende il fienile e la stalla. Nella parte sud di questa zona si trova il fienile dove viene immagazzinato il foraggio per gli animali. Sempre in questa zona, a nord del fienile, c'è la stalla. Gli automobilisti che sono diretti alle Montagne Rosa devono prestare molta attenzione, in quanto spesso i cavalli attraversano la via della Montagna. L'altra parte del centro agricolo che si trova a ovest della via della Montagna e a est del fiume, comprende l'abitazione del fattore, l'orto e il pozzo. L'abitazione del fattore è situata alla stessa altezza della stalla. L'abitazione del fattore è grande e funzionale; al suo interno si trovano molte stanze grandi e accoglienti. Gli animali domestici circolano liberamente davanti all'abitazione del fattore. A sud dell'abitazione, spostato verso est, c'è l'orto. Nell'orto il fattore riesce a produrre quasi tutti i tipi di verdure per sé e i suoi animali. Più a sud dell'orto è situato il pozzo. L'acqua, che proviene dal sottosuolo, è sempre molto fredda e limpida.

Occorrono circa 5 minuti di cammino...»). I soggetti che non avevano mai visto direttamente il campus, ma ne avevano studiato la mappa, usavano termini allocentrici – che si riferiscono a oggetti diversi dall'«io» – per valutare distanze e posizioni relative tra gli oggetti («la biblioteca si trova a metà della Main... A nord-ovest della biblioteca ci sono i campi sportivi che distano meno di un quarto di miglio...»). Inoltre, se si chiedeva ai soggetti di indicare la posizione di un certo elemento dell'ambiente immaginando di trovarsi in un dato punto, quelli che conoscevano l'ambiente per averlo esplorato direttamente ricordavano più facilmente elementi che erano visibili dalla posizione immaginata, mentre quelli che avevano studiato la mappa non mostravano tale differenza. La modalità di acquisizione delle informazioni spaziali influisce dunque sul tipo di conoscenza – e quindi di rappresentazione – immagazzinata in memoria.

Nella psicologia cognitiva si distingue tra due tipi di conoscenza dello spazio: la «conoscenza-*route*» e la «conoscenza-*survey*», ovvero la «conoscenza-percorso» e la «conoscenza-dall'alto». La «conoscenza-percorso» consiste in un insieme di relazioni spaziali acquisite e immagazzinate una dopo l'altra che specificano come andare da un punto a un altro dello spazio; consente anche di stimare la distanza da percorrere tra due punti. La «conoscenza-dall'alto», che si acquisisce attraverso una vista «aerea» dell'ambiente o attraverso lo studio di mappe, consiste in una rappresentazione globale delle relazioni spaziali tra gli elementi distribuiti nello spazio. Essa consente anche di calcolare le distanze euclidee tra i diversi punti di riferimento che dall'interno dell'ambiente non sarebbero visibili.

Anche le descrizioni verbali degli ambienti mettono in evidenza modi diversi di descrivere lo stesso ambiente che probabilmente riflettono un diverso tipo di rappresentazione mentale. Confrontiamo queste due descrizioni dello stesso ambiente, nel seguente caso immaginario.

Gli elementi informativi delle due descrizioni sono esattamente equivalenti – sono state entrambe costruite a partire dalla stessa mappa –, tuttavia gli stili di descrizione sono molto diversi tra loro. La «descrizione-percorso» è basata su un insieme di istruzioni. L'ambiente viene descritto attraverso un percorso immaginario lungo il quale l'io di chi legge o ascolta si muove; i verbi sono coniugati alla seconda persona singolare e la posizione di un elemento viene stabilita rispetto al soggetto attraverso i termini destra, sinistra, davanti e dietro; la struttura dell'ambiente prende forma in modo sequenziale, completamente basata sul percorso effettuato.

La «descrizione-dall'alto» si avvale di una visione dall'alto dell'ambiente; i verbi in questo caso, sono espressi in terza persona singolare, poiché gli elementi sono localizzati gli uni rispetto agli altri attraverso i punti cardinali. L'orientamento dell'osservatore rispetto all'ambiente non cambia. La struttura dell'ambiente viene espressa sin dall'inizio attraverso l'esposizione gerarchica delle componenti locative: prima vengono descritti gli elementi più esterni e poi via via quelli più interni.

Osserviamo che, nella «descrizione-percorso», per conoscere la posizione di un elemento è necessario conoscere la posizione dell'osservatore: il sistema di riferimento è dunque relativo. Nella «descrizione-dall'alto», invece, il sistema di riferimento è assoluto in quanto basato sui punti cardinali. Di fronte a questi due tipi di descrizioni si possono porre diversi quesiti. Innanzi tutto, da cosa dipende l'uso di una rispetto all'altra? In uno studio fatto negli Stati Uniti si è visto che la scelta del tipo di descrizione dipende dalle caratteristiche dell'ambiente. Per ambienti del tipo «centro agricolo», situati in uno spazio aperto e con elementi su scala di grandezza diversa (montagne, stalla, strada, pozzo), i soggetti davano in prevalenza una «descrizione-dall'alto». Per ambienti situati in spazio chiuso con elementi dello stesso ordine di grandezza, ad esempio il proprio appartamento, veniva data una «descrizione-percorso». È stato trovato, sulla base di studi condotti in Italia, che non soltanto è possibile identificare uno stile «route» e uno «survey» nelle descrizioni degli ambienti, ma che anche le persone si possono classificare come «route» o «survey» sulla base del modo in cui, preferibilmente, si rappresentano mentalmente lo spazio. Un soggetto «route» tende a pensare allo spazio in termini di percorsi da seguire, mentre un soggetto «survey» tende a rappresentarsi lo spazio in un formato simile a una mappa.

Abbiamo finora parlato di spazi «grandi» all'interno dei quali ricordare la posizione relativa dei diversi elementi. Molto spesso, anzi tutti i giorni, dobbiamo ricordare la posizione di un solo elemento, e non sempre ci riusciamo. Quali sono i processi sottostanti il ricordo del «dove» si trova un oggetto?

Dove ho lasciato le chiavi della macchina? Il ricordo della posizione di un oggetto

È una esperienza comune e, bisogna ammetterlo, piuttosto frustrante, quella di non riuscire a ritrovare un oggetto: a tutti è successo di non trovare le chiavi della macchina al momento di uscire anche se siamo sicurissimi di averle lasciate sul tavolo, oppure di non trovare l'agenda telefonica, gli occhiali, ... e l'elenco potrebbe continuare a lungo. Nella maggior parte dei casi, la perdita di memoria è momentanea. Dopo averlo cercato per un po', adottando particolari strategie, riusciamo a recuperare l'oggetto e continuiamo la nostra esistenza giornaliera, magari con un po' più di fretta perché abbiamo perso tempo a cercare. In alcuni casi invece, non riusciamo a ritrovarlo e lo recuperiamo parecchio tempo dopo, anche a distanza di mesi, in modo del tutto casuale. Ci sono molti aneddoti sul ritrovamento casuale di oggetti dati ormai per persi. Al momento del ritrovamento a volte si riesce a ricostruire la storia e il motivo di quanto è successo. A volte invece l'episodio sembra abbastanza incomprensibile.

Ricordare dove abbiamo posto un oggetto richiede le seguenti informazioni: la rappresentazione dell'oggetto in questione che deve essere abbastanza dettagliata e precisa, e il ricordo della sua posizione rispetto a qualche altro oggetto di riferimento. Quali sono i motivi alla base del mancato ritrovamento, temporaneo o permanente che sia?

Gli psicologi hanno indicato i seguenti fattori.

- *Disattenzione.* L'oggetto, per errore, è stato messo in un posto insolito e la persona non ricorda di averlo messo in quel luogo. Questo può succedere soprattutto durante attività di routine e con oggetti che maneggiamo quotidianamente. Le attività consuete sono svolte in modo quasi automatico, senza il controllo continuo dell'attenzione. L'azione di mettere l'oggetto fuori posto (gli occhiali nel frigorifero) non viene codificata (registrata) in memoria in modo completo e quindi non può venire ricordata.

• *Errori di aggiornamento.* L'oggetto è stato messo in uno dei molti posti possibili. La persona ricorda di averlo messo, in precedenti occasioni, in ognuno di questi posti, ma non ricorda dove l'ha riposto *l'ultima volta.* Quando una azione o in generale un evento si ripete nel tempo, la sua «etichetta temporale» in molte circostanze ne determina il ricordo, nel senso che rimane in memoria soltanto l'informazione più recente. Ricordiamo dove abbiamo parcheggiato la macchina oggi, ma non una settimana fa! L'«aggiornamento» è essenziale in molte attività quotidiane e in alcuni lavori. Se non viene effettuato in modo efficace, nel caso in cui un oggetto cambi ripetutamente di posto possono sorgere problemi.

• *Mancato rilevamento.* L'oggetto è stato messo nel posto giusto. La persona guarda ma non lo «vede». Non accorgersi che l'oggetto è «lì» quando lo stiamo cercando, e magari «vederlo» a un successivo tentativo di ricerca, è una esperienza piuttosto comune che può essere spiegata. Quando si cerca un oggetto, la persona che cerca genera una immagine mentale dell'oggetto in questione in un determinato posto e si aspetta di vedere «un qualcosa» di simile alla sua immagine. Può capitare che l'immagine sia inaccurata o semplicemente ruotata. Se l'oggetto ha un orientamento insolito, perché ad esempio è scivolato, allora possiamo non «vederlo». È stato notato che le rappresentazioni degli oggetti hanno un punto di vista preferenziale che, ad esempio, per il telefono è frontale, per la bicicletta è di lato.

Quando si hanno problemi nel ricordare dove abbiamo messo un oggetto, si possono adottare diverse strategie di ricerca. Ne descriviamo alcune con il convincimento che ognuno di noi possa riconoscere quella che utilizza più frequentemente. Nella strategia basata sul «ripensamento dell'azione» la persona ricostruisce mentalmente la sequenza delle sue azioni in modo da farsi venire in mente quella di aver riposto l'oggetto. Possiamo ricorrere a questa strategia quando, arrivati a casa, ci accorgiamo di avere lasciato da qualche parte durante il giro delle commissioni un oggetto, ad esempio gli occhiali. Una seconda strategia possibile è quella della «passeggiata mentale». La persona genera delle immagini visive dei luoghi in cui l'oggetto potrebbe stare e verifica mentalmente la presenza dell'oggetto. Un'altra strategia, diversa dalla precedente, ma sempre basata sulle immagini mentali, è quella denominata di «monitoraggio della realtà», nella quale l'individuo genera immagini di se stesso che pone l'oggetto in diversi possibili luoghi e valuta se ha compiuto realmente l'azione immaginata. Infine c'è la strategia più ovvia, quella della «ricerca fisica», nella quale l'individuo ricerca disperatamente l'oggetto nei vari luoghi, possibili e... impossibili.

4. *La memoria per le facce*

Nel capitolo precedente ci siamo soffermati sulla memoria per i luoghi e per la posizione degli oggetti, privilegiando il contributo della memoria spaziale rispetto a quello della memoria visiva. Consideriamo ora un processo eminentemente visivo: il riconoscimento di facce. Riconoscere un volto, o più in generale una persona, è una cosa che facciamo tutti i giorni nei diversi ambiti della nostra vita: nelle relazioni sociali, sul lavoro e in famiglia. Impieghiamo circa 800 millisecondi per riconoscere una faccia e un centinaio di millisecondi in più per renderci conto che quella tal faccia non l'abbiamo mai vista prima.

Come avviene il riconoscimento? Che cosa hanno di «speciale» le facce rispetto ad altri oggetti? Sono state descritte come la configurazione visiva singola – cioè composta da un unico elemento – più importante nell'ambiente che ci circonda e la nostra abilità a distinguere centinaia di facce, individuando le sottili diversità che ci possono essere tra l'una e l'altra, dimostra un sofisticato livello di analisi percettiva.

L'analisi percettiva ci consente di estrarre molte informazioni da una faccia: non soltanto in relazione alle sue caratteristiche strutturali, quali il colore dei capelli e l'acconciatura, la forma del naso e delle labbra, la conformazione del viso, ma anche con riferimento all'espressione emotiva, il sesso e la razza della persona. Il confronto tra il risultato dell'analisi percettiva e la rappresentazione in memoria della faccia ci consente oppure ci impedisce di riconoscerla. Non c'è dubbio

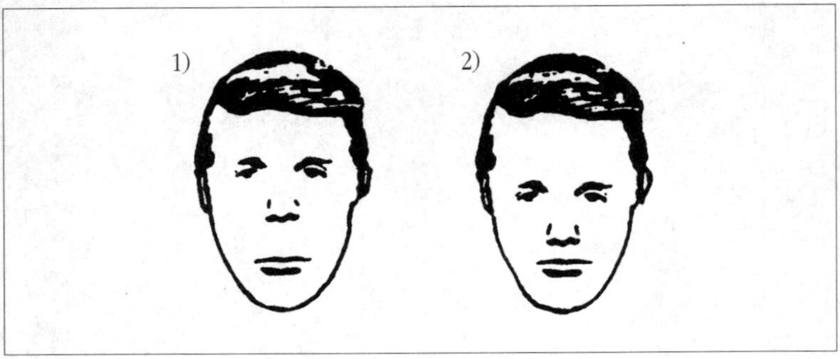

FIG. 4. Occhi, naso, bocca, capelli della faccia 1) sono gli stessi di quelli della faccia 2), ma la loro disposizione è variata. Le due facce appaiono diverse.

che i singoli elementi, ovvero le *caratteristiche*, che possiamo definire come proprietà dell'oggetto che ci aiutano a differenziarlo da altri oggetti, sono importanti per il riconoscimento; tuttavia, oltre alle caratteristiche è molto importante anche la *configurazione* complessiva dell'oggetto, cioè le relazioni spaziali esistenti tra le varie caratteristiche.

Si può facilmente vedere l'importanza della configurazione mettendo a confronto due facce costruite con le stesse caratteristiche, ma diverse per configurazione.

È evidente che variando la configurazione dello stesso insieme di caratteristiche si altera in modo significativo la fisionomia di una faccia. La sua rappresentazione in memoria non può essere dunque semplicemente una lista di caratteristiche, ma deve contenere anche informazioni relative alla sua configurazione ed essere sufficientemente flessibile da consentire di riconoscere la faccia, anche se è stata percepita da angolature e distanze diverse.

Il riconoscimento di facce familiari: successi e insuccessi

Vado all'aeroporto ad aspettare un'amica in arrivo da Londra. Consultando la tabella degli arrivi noto che ci sono tre voli che atterrano a distanza di cinque minuti l'uno dall'altro, per cui mi aspetto una certa folla all'uscita. Osservo attentamente i volti delle persone che escono dalla dogana e, a un certo punto, riconosco la mia amica che è insieme a una persona che invece non riconosco.

Una situazione di questo tipo, cioè il riconoscimento di un volto familiare, si presenta diverse volte nell'arco della giornata. Spesso il riconoscimento è certo e rapido, a volte invece è lento e dubbioso, quando qualcosa nell'aspetto è cambiato rispetto al ricordo; altre volte ancora il riconoscimento non c'è affatto, come quando incontriamo una persona che ci saluta e noi rispondiamo al saluto senza però sapere a chi l'abbiamo diretto.

Nella ricerca psicologica si distingue tra identificazione, riconoscimento e rievocazione di facce. *Identificare* una faccia significa essere in grado di ricordare il nome della persona, alcuni dettagli riguardanti la sua vita o la sua professione e le circostanze nelle quali l'abbiamo conosciuta. A volte però può succedere di ricordare molti particolari della persona, ma non il suo nome. Per *riconoscimento* s'intende invece rendersi conto di avere già visto quella faccia, senza tuttavia essere in grado di fornire alcun dettaglio circa la persona. Il riconoscimento di facce è la forma di memoria che viene in genere testata in laboratorio quando vengono presentate delle fotografie di facce non familiari e viene chiesto successivamente di riconoscerle. Per *rievocazione*, invece, s'intende la descrizione di una faccia o verbalmente o attraverso un disegno. Mentre siamo abbastanza bravi nel riconoscimento, ci troviamo invece in difficoltà quando dobbiamo descrivere verbalmente una faccia o, cosa ancora più impegnativa, dobbiamo disegnarla. Nella descrizione di facce non familiari vengono utilizzate le caratteristiche; tra di esse quella più frequentemente menzionata sono i capelli, seguiti nell'ordine da occhi, naso, bocca, sopracciglio, mento e fronte. La distinzione tra riconoscimento e rievocazione non è così netta quando ci si impegna in compiti di ricostruzione di facce tramite identikit, in quanto la tecnica richiede dapprima che la faccia venga costruita e poi via via modificata nei suoi singoli elementi in modo da ottenere una riproduzione più fedele. Questo processo di rifinitura richiede un confronto continuo tra la faccia che si sta componendo e la sua rappresentazione in memoria, attuandosi dunque attraverso successivi riconoscimenti.

Di solito riconosciamo le facce familiari, talvolta però commettiamo degli errori. In una ricerca condotta in Inghilterra, 22 volontari hanno acconsentito ad annotare su di un diario gli errori relativi al riconoscimento di facce, per un totale di 1.008 casi. Tra questi, si possono distinguere alcune categorie di errore che risultano particolarmente interessanti. Un errore piuttosto frequente (314 casi) è quello di scambiare una persona con un'altra. Dopo un po' ci accorgiamo dell'errore che tende a verificarsi in circostanze nelle quali non si è in grado di osservare bene la persona in questione. In questi casi, si scambia generalmente una persona che non si conosce per una che si conosce: la somiglianza è sufficiente ad attivare momentaneamente la rappresentazione in memoria della faccia familiare, che a sua volta attiva le nostre conoscenze semantiche della persona, tra cui il nome. Un altro errore che si verifica con una certa frequenza (233 casi) è quello di riconoscere la faccia di una persona come familiare, ma di essere incapaci di dire chi sia, dove la si sia conosciuta o come si chiami. Questo succede o con persone che si conoscono da poco, o con persone che incontriamo fuori dal contesto abituale. Un altro comune tipo di errore (190 casi) è quello del ricordo incompleto. Si ricorda cioè quel tanto che ci consente di riconoscere la persona, ma ci sfuggono alcuni dettagli, in genere il nome, che in quel momento non riusciamo a ricordare. Può succedere addirittura di non riconoscere una persona familiare (114 casi). La spiegazione per errori di questo tipo è che il risultato dell'analisi percettiva non attiva la rappresentazione registrata in memoria di quella faccia, molto probabilmente a causa di una variazione in una o più di una caratteristica della faccia stessa. Un nuovo taglio di capelli, soprattutto per una donna, può cambiare notevolmente l'aspetto e ostacolare il riconoscimento.

Sulla base di questi dati alcuni ricercatori hanno avanzato l'ipotesi che il riconoscimento di facce sia un processo graduale e sequenziale, nel quale esistono diversi livelli di riconoscimento, che vanno dalla sensazione di familiarità alla completa identificazione. Il primo stadio del processo consiste nell'attivazione della rappresentazione in memoria dell'apparenza fisica della faccia (la faccia viene riconosciuta come familiare); il secondo stadio riguarda l'attivazione delle informazioni biografiche relative a quella persona; il terzo stadio è relativo all'attivazione del nome.

Ci sono diversi dati sperimentali a sostegno di questo modello. Ad esempio in uno studio in cui venivano mostrate ai soggetti alcune diapositive di facce di politici famosi assieme ad altre di persone non familiari, si è misurato il tempo che i soggetti impiegavano a dire: se la faccia era o non era familiare (primo livello di riconoscimento); se era quella di un politico (secondo livello relativo alle informazioni biografiche); quale era il suo nome (terzo livello). Per misurare il tempo impiegato ci si è avvalsi di un cronometro che scatta non appena viene mostrata la diapositiva e si ferma quando il soggetto inizia a rispondere. Si è visto che ricordare il nome richiede più tempo (1.290 millisecondi) che riconoscere la professione (934 millisecondi) e che indicare la professione richiede più tempo che dire se la faccia è o non è familiare (930 millisecondi). È come se la completa identificazione, consistente nel recupero del nome, richiedesse di eseguire un certo percorso nel quale familiarità e professione rappresentano tappe intermedie, raggiungibili in minor tempo. Sembra che si acceda al nome di una persona, dopo averne vista la faccia, soltanto dopo aver recuperato le informazioni semantiche relative a quella persona. Questo risultato rispecchia bene gli errori che vengono commessi nella vita quotidiana, come, ad esempio, quando siamo in grado di indicare l'occupazione di una persona, ma non il suo nome. Non succede invece l'inverso, cioè di ricordare il nome di una persona, ma non la sua occupazione.

In un altro studio si è chiesto a un gruppo di studenti di decidere, il più velocemente possibile, se le due facce, entrambe di persone note, erano di persone morte o di persone vive, e inoltre di decidere se entrambe si chiamavano Giovanni oppure Giacomo. Come nello studio precedente, la decisione basata sulle informazioni biografiche viene messa a confronto con quella basata sul nome. In base al modello ci aspetteremmo infatti che la seconda decisione sia più lenta della prima, perché – come si è detto – lo stadio di attivazione del nome è l'ultimo nel processo di riconoscimento. In effetti la seconda decisione richiese più tempo della prima.

Alcuni fattori che influenzano il riconoscimento di facce

Abbiamo finora parlato di facce che ci sono familiari e abbiamo visto che anche in questo caso possiamo commettere degli errori. L'analisi degli errori compiuti ha consentito di comprendere come avviene il riconoscimento e di indicare alcuni dei processi sottostanti. La situazione è diversa quando la faccia non ci è familiare, quando l'abbiamo vista una volta sola o poche volte e tuttavia è importante tenerne a mente i tratti, per motivi di carattere sociale o di lavoro. La ricerca sulla memoria per le facce ha messo in luce alcuni fattori che influenzano la nostra capacità di riconoscimento. Alcuni di questi fattori possono avere implicazioni anche in ambito legale, come, ad esempio, quando si richiede a un testimone di identificare una persona mostrandogli delle fotografie o in un confronto «all'americana», cioè assieme ad altre persone.

Un fattore che influenza il riconoscimento è la diversità tra la modalità di presentazione e la modalità di riconoscimento, cioè tra il contesto in cui è avvenuto l'incontro e quello in cui avviene il riconoscimento. È il caso, ad esempio, della vittima di uno scippo, che ha visto in faccia lo scippatore mentre la stava minacciando e derubando e successivamente, in questura, deve cercare di riconoscerlo guardando le fotografie di uno schedario. Gli studi mostrano che, anche a diversa distanza di tempo (2, 21, 56 giorni) è più facile riconoscere lo scippatore in un confronto «all'americana». Cioè vedendolo dal vivo, che da una fotografia. In generale le fotografie di uno schedario sono in due pose: una frontale e una di profilo. La diversità della posa tra il momento dell'osservazione e quello del test ha influenza sull'accuratezza del riconoscimento?

Facendo il confronto tra le diverse pose – frontale, profilo e di tre quarti – si è visto che la prestazione migliore si ha quando la posa del test coincide con quella osservata; variazioni di 90 gradi tra la posizione osservata e quella del test (da frontale a profilo e viceversa) conducono alla prestazione peggiore. Si ottiene una prestazione intermedia quando la variazione tra la presentazione e il test è di 45 gradi (da profilo a tre quarti, o da frontale a tre quarti e viceversa). Nel caso di facce non familiari, la rappresentazione in memoria è piuttosto «rigida» e un cambiamento di angolatura produce difficoltà nel riconoscimento; al contrario, quando la faccia è familiare, la rappresentazione in memoria è sufficientemente flessibile da consentire anche il riconoscimento di facce percepite da angolature diverse.

Un effetto noto, coerente con quanto detto prima e che possiamo osservare anche nelle nostre relazioni sociali o quando viaggiamo, è il cosiddetto «effetto razza». Solitamente le persone distinguono facce appartenenti alla propria razza meglio di quelle appartenenti ad altre razze. Quest'effetto è stato studiato, in numerose ricerche, mettendo a confronto il riconoscimento di persone di razza bianca con quello di persone di colore, oppure di giapponesi con caucasici. Si è visto che nella maggior parte dei casi il riconoscimento di persone della propria razza è più agevole. Ciò probabilmente è dovuto alla maggiore esperienza che abbiamo di persone della nostra stessa razza. È probabile che le caratteristiche che consentono di distinguere all'interno di una stessa razza siano diverse tra una razza e l'altra e che, quando osserviamo facce di persone di un'altra razza, non facciamo attenzione alle «caratteristiche giuste». Si è visto, inoltre, che l'addestramento può fare scomparire, almeno temporaneamente, l'«effetto razza». Alcune facce si ricordano meglio di altre, non tanto quelle più attraenti ma quelle più atipiche. Ci si è chiesti anche se nella memoria per le facce ci sia una differenza dovuta al sesso. Tra molti studi presi in esame, circa la metà riporta una superiorità delle donne, soprattutto quando devono riconoscere altre donne, la rimanente metà non riporta alcuna differenza tra i due sessi.

Un'altra domanda interessante è se esistono delle differenze individuali nella capacità di riconoscere le facce (conosciamo tutti qualcuno che afferma di non dimenticare mai una faccia o, al contrario, di essere un pessimo fisionomista). Ebbene, i risultati di uno studio condotto in laboratorio mostrano che, contrariamente alle aspettative, non c'è correlazione tra autovalutazione e prestazione. Due sono le possibili interpretazioni di questo risultato: o i test di laboratorio producono risultati che non sono generalizzabili alle situazioni quotidiane, oppure i soggetti partecipanti allo studio non erano capaci di valutare bene la loro abilità. Aggiungiamo che la ricerca ha poco da suggerire su come procedere per migliorare le capacità di riconoscimento; nonostante vari tentativi, non sono state trovate tecniche di elaborazione efficaci.

Infine una interessante osservazione proviene dagli studi che hanno indagato l'influenza dell'età sul riconoscimento in bambini dai due ai dieci anni. A otto anni i bambini hanno ancora problemi con le facce non familiari, mentre a dieci anni raggiungono prestazioni paragonabili a quelle degli adulti. Sembra che i bambini più piccoli estraggano dalle facce informazioni relative alle singole caratteristiche, mentre gli adulti usino informazioni che si basano prevalentemente sulla configurazione e sulla relazione spaziale tra gli elementi. Inoltre, i bambini piccoli possono essere attratti da elementi salienti, ma irrilevanti, che distraggono la loro attenzione da informazioni più importanti per il riconoscimento.

Le facce: sono «speciali»?

Questa domanda è il titolo di un articolo molto interessante di Ellis e Young, comparso in un libro pubblicato nel 1989 e dedicato interamente alla ricerca sulla memoria per le facce. In questo articolo ci si chiede se esiste uno specifico sistema cerebrale responsabile per l'elaborazione delle facce, distinto da altri sistemi deputati all'elaborazione di altri tipi di configurazioni visive, ad esempio parole scritte e oggetti. Ricerche in ambito evolutivo, cognitivo e neuropsicologico ci forniscono alcuni elementi per rispondere a questo interrogativo.

Uno studio condotto su bambini appena nati, e replicato di recente, ha misurato l'attenzione dedicata ai seguenti tipi di stimoli: una faccia «schematica», disegnata in bianco e nero con un forte effetto di contrasto, composta da occhi, naso e bocca; una faccia «disordinata» in cui gli elementi, naso, occhi, bocca, sono disposti in modo casuale; una faccia «bianca» in cui è disegnato soltanto il contorno esterno. A ogni neonato è stato mostrato il disegno facendolo oscillare da destra a sinistra e viceversa ed è stata misurata la rotazione sia degli occhi che della testa nel seguire il movimento. Il risultato sorprendente di questo studio fu che i neonati preferivano seguire il movimento degli stimoli che assomigliavano di più a una faccia umana, suggerendo l'esistenza di un meccanismo innato per l'identificazione delle facce che li spinge a osservarle con particolare attenzione. Altri studi hanno mostrato come neonati di 36 ore siano già in grado di distinguere tra espressioni facciali diverse. Questi risultati sono in accordo con l'ipotesi che le facce siano biologicamente significative e che una parte delle connessioni nervose deputate alla loro elaborazione come stimoli visivi sia presente fin dalla nascita.

Consideriamo ora i dati provenienti dall'indagine neuropsicologica sulla prosopoagnosia. Per *prosopoagnosia* (parola derivante dal greco *prosopon* = faccia e *agnosia* = non conoscenza) s'intende l'incapacità di riconoscere facce familiari in seguito a un danno cerebrale. I pazienti prosopoagnosici non sono in grado di identificare nessuna faccia familiare, né quelle di persone famose, né quelle di amici o di stretti familiari. Non sono neppure in grado di riconoscere la propria faccia riflessa in uno specchio. Negli stessi pazienti non risulta invece danneggiato il ricordo di altre caratteristiche: infatti spesso riescono a riconoscere le persone dalla voce, dal modo di vestire e di camminare. Resta materia di dibattito se in questi pazienti il mancato riconoscimento sia limitato esclusivamente alle facce familiari o se coinvolga altre categorie di configurazioni visive. Se in alcuni pazienti la capacità di riconoscere gli oggetti rimane intatta, in altri invece il deficit non è limitato alle sole facce. Sono stati descritti il caso di un paziente, che oltre a essere incapace di distinguere le facce aveva anche problemi nel riconoscere cibi e animali, e quello di altri due pazienti prosopoagnosici che avevano difficoltà nell'identificare animali, simboli astratti e veicoli. Sembra dunque che i dati provenienti dai pazienti prosopoagnosici non siano conclusivi rispetto all'ipotesi di un meccanismo specifico per il riconoscimento delle facce.

Le facce dunque possono essere «speciali» sia perché le vediamo continuamente (basti pensare agli incontri quotidiani e all'uso dei primi piani nel cinema e nella televisione), sia perché siamo in grado di fare delle sottili distinzioni tra di esse. Sono anche «speciali» in quanto costituiscono una ricchissima sorgente di informazioni, che ci consente non soltanto di identificare una persona, ma, indipendentemente da ciò, di leggerne la espressione emotiva.

5. *Quanto accurati sono i nostri ricordi? Il caso della testimonianza oculare*

Nella maggior parte delle situazioni i nostri ricordi sono sufficientemente accurati da consentirci una vita senza problemi: ci ricordiamo, anche se non nei dettagli ma nelle sue linee essenziali, la trama di un film o di un libro, le persone che abbiamo incontrato e i discorsi fatti, la mappa della città che abbiamo da poco visitato.

In alcune situazioni speciali invece – ed è appunto di queste che voglio parlare – è necessario ricordare con la maggiore accuratezza possibile mi riferisco al caso in cui, in qualità di testimoni oculari, ci viene chiesto di riferire su un evento che comporta responsabilità penali e/o civili. Probabilmente ognuno di noi è stato coinvolto in un incidente di macchina e in quell'occasione si è reso conto dell'importanza di ricordare correttamente nei dettagli quanto è accaduto. Nei processi, il testimone oculare è considerato un teste chiave, la cui deposizione può essere decisiva per l'andamento del processo. Tuttavia la domanda cruciale è la seguente: quanto è accurato e attendibile un testimone oculare?

Diciamo subito che l'accuratezza del ricordo, nel caso della testimonianza, dipende da una serie di fattori. Tra questi i più importanti sono: la natura dell'evento di cui si è testimoni (rispetto alla quale la distinzione principale è tra eventi traumatici, stressanti o non particolarmente stressanti); quello che succede dopo l'evento di cui si è stati testimoni; le differenze individuali tra i testimoni (età, sesso, caratteristiche della personalità); la modalità di recupero dei ricordi (ricordo fornito liberamente oppure attraverso domande specifiche o particolari tecniche di intervista). Nelle pagine che seguono considereremo, seppure brevemente, l'influenza di questi fattori, riportando i risultati di alcune ricerche particolarmente significative.

Le prime ricerche

La ricerca psicologica sulla testimonianza oculare è iniziata verso la fine degli anni '70 negli Stati Uniti. Il problema affrontato, strettamente legato all'attendibilità della testimonianza, era il seguente: è possibile manipolare un ricordo senza che la persona ne sia consapevole? In particolare: i nostri ricordi possono venire distorti da fatti che accadono *dopo* l'evento a cui abbiamo assistito? Si tratta di un problema della massima importanza in campo legale dove la credibilità di un testimone influenza in modo, a volte determinante, l'andamento di un processo. Infatti la dimostrazione, anche se limitata a ricerche di laboratorio, che il ricordo di un evento può venire manipolato, dovrebbe mettere in guardia coloro che operano in ambito legale sul valore della testimonianza.

Nella ricerca psicologica sulla testimonianza è stata adottata una tecnica particolare che si sviluppa in tre fasi. Nella prima i soggetti assistono a un evento che può essere registrato su videotape o illustrato con sequenze di diapositive oppure messo in scena da attori. Successivamente, nella seconda fase, vengono rivolte delle domande su quanto visto, formulate in modo da contenere delle informazioni false. Infine, nella terza fase si fanno altre domande sull'evento, per valutare l'accuratezza del ricordo. In questo genere di esperimenti la fase cruciale è la seconda nella quale, mascherate da domande sull'evento, vengono in realtà fornite delle false informazioni con lo scopo di influenzare l'accuratezza del ricordo, che viene valutata nella fase finale.

Una tipica situazione studiata è la seguente: a un gruppo di soggetti viene fatto vedere un film su un incidente automobilistico. Dopo il film vengono fatte delle domande sull'incidente, e tra queste ne viene inserita una che contiene una informazione falsa. Soltanto metà dei soggetti (gruppo sperimentale) riceve l'informazione falsa, l'altra metà (gruppo controllo) invece non riceve alcuna falsa informazione. Per il gruppo di controllo la domanda che riflette correttamente la dinamica dell'incidente causato da una mancata osservanza del segnale di stop può essere del tipo: «A che velocità andava la macchina quando ha oltrepassato il segnale di stop lungo la strada di campagna?». Per l'altro gruppo invece, quello sperimentale, la domanda è del tipo: «A che velocità andava la macchina, quando ha oltrepassato l'azienda agricola, lungo la strada di campagna?». In realtà nel film non vi era nessuna azienda agricola e il riferimento all'azienda agricola contenuto nella domanda costituisce l'informazione falsa, fuorviante. Successivamente, nella terza fase finale, venivano fatte ulteriori domande sull'incidente.

I risultati dello studio indicarono che la falsa informazione poteva venire inglobata nel ricordo dei soggetti. Infatti il 17% dei soggetti che avevano ricevuto l'informazione falsa dichiarò di avere effettivamente visto un'azienda agricola, mentre soltanto il 3% del gruppo di controllo disse di averla vista. Questi risultati sono stati confermati in numerosissimi altri studi per cui possiamo affermare con certezza che, in una percentuale non irrilevante di persone, il ricordo di un evento può venire alterato da informazioni che sono state fornite successivamente. È questo il punto fondamentale della ricerca sulla testimonianza. L'accuratezza del ricordo di uno specifico evento dipende non solo dalla accurata percezione di quanto è accaduto, dall'intervallo di tempo trascorso, ma anche da quanto succede in quell'intervallo di tempo: in particolare, informazioni sull'evento fornite successivamente possono venire inglobate nel ricordo. Se pensiamo che un testimone può essere sottoposto a ripetuti interrogatori, nel corso dei quali possono essergli fornite, deliberatamente o meno, false informazioni insieme alle numerose domande, allora ci rendiamo conto, stando ai risultati delle ricerche, che la probabilità che una testimonianza venga manipolata non è bassa.

Anche il modo di porre una domanda può influenzare la risposta e forse anche il ricordo. Se, ad esempio, riferendomi a un incidente in cui non c'era alcun fanale rotto, chiedo: «hai visto il fanale rotto?», lascio intendere che il fanale rotto c'era veramente e quello che sto in realtà chiedendo è se tu l'hai visto. Invece con la domanda «hai visto un fanale rotto?» do l'impressione di volere verificare se c'era o non c'era effettivamente un fanale rotto. Si è visto che, in una situazione come quella descritta prima, in assenza di fanale rotto, alla domanda con l'articolo «il» seguiva un maggior numero di risposte positive che alla domanda con l'articolo «un».

Studi di questo tipo hanno dimostrato che in alcune persone il ricordo è manipolabile, in altre invece non lo è. Ma allora quali sono i fattori che rendono una persona o una situazione più o meno resistente alle false informazioni? Un fattore cruciale è la plausibilità della informazione falsa. Se questa è chiaramente poco plausibile e riguarda un dettaglio importante dell'evento, allora è estremamente difficile (soltanto nel 2% dei casi) che si riesca a manipolare il ricordo. In sostanza, quando viene percepito in modo corretto un dettaglio importante (ad esempio il colore rosso di un vestito) l'alterazione del ricordo è improbabile. Un altro fattore rilevante è il tempo trascorso tra l'evento e la falsa informazione. Se questa viene fornita subito dopo l'evento, ha una influenza minore rispetto al caso in cui venga fornita dopo un certo intervallo di tempo, in quanto il ricordo inizia ad affievolirsi ed è quindi più semplice «inserirsi» in uno spazio di memoria soltanto parzialmente occupato. Un altro fattore che rende il ricordo meno manipolabile è il fatto che sia stato reso pubblico. In soggetti che hanno espresso pubblicamente affermazioni su un determinato evento, le false informazioni hanno un effetto minore rispetto a soggetti che non l'hanno fatto, probabilmente perché l'atto stesso di raccontare rafforza il ricordo, oppure perché stanno più attenti a non contraddirsi. Uno degli aspetti più interessanti di questo fenomeno dal punto di vista teorico riguarda il meccanismo che porta ad asserire, in buona fede, di aver visto qualcosa che in effetti non c'era. Un'ipotesi accreditata è che l'informazione falsa trasformi la rappresentazione in memoria originale, che verrebbe quindi irrimediabilmente distorta. Un'altra ipotesi è che sia la versione originale che quella falsa coesistano come due possibili alternative. Il soggetto risponderebbe con quella falsa perché è più recente e quindi può essere più facilmente recuperata dalla memoria. Notiamo che, secondo quest'ultima ipotesi, l'informazione originale sarebbe potenzialmente recuperabile. Dal momento che, come abbiamo visto, l'effetto, più o meno marcato, della informazione falsa sul ricordo dipende da un certo numero di fattori, è ragionevole supporre che anche il destino della memoria originale possa variare: in alcune occasioni la memoria originale viene persa, in altre invece solo modificata.

La testimonianza nei bambini

Se è possibile manipolare il ricordo negli adulti, che cosa succede quando si ha a che fare con dei bambini? È un fatto ben accertato che i ricordi dei bambini piccoli (3-4 anni) sono molto più manipolabili di quelli dei bambini più grandi e degli adulti. Spesso i bambini vengono ripetutamente interrogati su eventi che li riguardano personalmente o dei quali sono testimoni accidentali. In ambito legale quale può essere l'effetto delle ripetute domande? Un bambino di otto anni così racconta la sua vicenda di testimone:

Quando l'ho visto con quella roba rossa sulla camicia non ho pensato che fosse importante. Non sapevo se era sangue o pomodoro. Quando l'ho rivisto dopo con un fucile o un coltello allora ho fatto attenzione e ho pensato che doveva essere sangue. Perché così tante persone mi hanno fatto così tante domande su quello che ho visto, mi sono sentito confuso. Ho pensato che forse avevo visto qualcosa che poteva aiutare i poliziotti. Non mi rendevo conto che sarebbe diventato così importante. Ho pensato che loro volevano che io fossi sicuro, così ho detto che ero sicuro anche quando non lo ero. Più domande mi facevano e più mi confondevo. Ho risposto a domande sulle quali non ero sicuro per aiutare gli adulti...

In modo piuttosto commovente questo bambino sottolinea la sua confusione dovuta alle continue domande, il suo desiderio di compiacere chi lo interroga e la motivazione che lo spinge a rispondere, quella di aiutare gli adulti. In un bambino dunque intervengono non soltanto fattori di memoria, ma anche, e in misura maggiore che in un adulto, fattori relazionali.

Recentemente, l'effetto di ripetute false informazioni sulla memoria è stato studiato nei bambini utilizzando la seguente situazione. Per un gruppo di bambini dai tre ai sei anni frequentanti l'asilo venne organizzata la visita di una persona estranea, chiamiamola Pietro C. Successivamente, in quattro occasioni distinte, ai bambini, divisi in due gruppi, vennero chiesti dei dettagli sulla visita. Durante le interviste, a uno dei due gruppi, quello che fungeva da gruppo di controllo, venivano fatte domande su quanto era accaduto durante la visita di Pietro citando fatti realmente accaduti. In una quinta successiva intervista, condotta da un nuovo intervistatore, dapprima si chiedeva di descrivere liberamente la visita e poi si facevano delle domande «fuorvianti», che si riferivano a fatti non realmente accaduti. Ad esempio alcune domande riguardavano un libro strappato da Pietro, il quale peraltro, durante la sua visita, non aveva toccato alcun libro.

Al secondo gruppo, invece, durante le quattro interviste furono fornite false informazioni riguardanti il comportamento di Pietro con domande del tipo: «Quando Pietro ha strappato il libro faceva lo sciocco o era arrabbiato?». La quinta intervista era simile a quella fatta al gruppo di controllo. Molto opportunamente in questa ricerca sono stati introdotti due modi di testare la memoria, uno consistente nella descrizione spontanea dell'accaduto, non sollecitata da alcuna domanda, e l'altro attraverso domande specifiche. Questa procedura consente di studiare quanto sia forte l'effetto delle false informazioni e in particolare se dipenda dal modo in cui l'evento viene ricordato.

Come era prevedibile i due gruppi di bambini si comportarono in maniera sensibilmente diversa a seconda che facessero parte del gruppo di controllo o di quello che aveva ricevuto false informazioni. In questo secondo caso, durante la descrizione libera, il 46% dei bambini più piccoli (3-4 anni) e il 30% dei più grandi (5-6 anni) riportò *spontaneamente* degli eventi che non erano in realtà accaduti. In risposta a domande specifiche il 72% dei più piccoli e il 35% dei più grandi dichiarò che Pietro aveva strappato il libro e il 44% dei più piccoli e l'11% dei più grandi aggiunse di averlo proprio visto mentre lo faceva.

Invece nessun bambino del gruppo di controllo riportò eventi non accaduti durante il resoconto libero; soltanto il 10% dei più piccoli, in risposta a domande specifiche, affermò che Pietro aveva fatto qualcosa con il libro e alla domanda «hai veramente visto Pietro strappare il libro?» il 2,5% insistette nel dare una risposta positiva. Nessuno dei bambini più grandi dichiarò di aver visto Pietro fare qualcosa con il libro.

Questi risultati sono interessanti, perché indicano che anche bambini molto piccoli possono essere attendibili quando raccontano un fatto purché non ci sia stata l'interferenza di un adulto. Tuttavia i resoconti e le risposte indotte da domande specifiche possono essere facilmente manipolati, soprattutto nel caso dei bambini più piccoli.

Si potrebbe obiettare che questi risultati si riferiscono a un evento poco importante e ci si potrebbe domandare se i ricordi potrebbero essere più resistenti alla distorsione nel caso di eventi più rilevanti per il bambino: si pensi a eventi che possono avergli provocato dolore o disagio, ad esempio una visita dal pediatra durante la quale è gli stata fatta un'iniezione. Anche in questa situazione si è trovato che false informazioni fornite ripetutamente dopo la visita erano in grado di influenzare la memoria dei bambini portandoli a dichiarare di avere assistito a degli eventi non accaduti. È evidente che questi risultati sperimentali rivestono un duplice interesse, sia nella vita di tutti i giorni, per genitori e insegnanti che vogliano appurare fatti realmente accaduti, sia in campo legale, dove i bambini sono spesso coinvolti in qualità di testimoni.

L'intervista cognitiva: una tecnica per rendere il ricordo di un evento più accurato e completo

Abbiamo visto come il nostro ricordo può essere manipolabile e forse distorto in modo permanente da domande che contengono informazioni errate; tuttavia è possibile porre domande che aiutano a fare emergere i nostri ricordi in modo accurato.

Per ridurre gli errori e migliorare la completezza del ricordo, verso la metà degli anni '80, negli Stati Uniti, è stata elaborata una particolare tecnica chiamata *intervista cognitiva* (I.c.). Questo tipo di intervista, che si basa su risultati di ricerca e su teorie della memoria che si sono sviluppate nell'ambito della psicologia cognitiva, viene utilizzata, sia con bambini che con adulti, non solo nel corso di procedimenti legali ma anche quando medici e psicologi clinici cercano di ricostruire lo sviluppo di una malattia o di sintomi comportamentali. Una trentina di studi, condotti sia su bambini che su adulti, hanno mostrato che questa tecnica dà buoni risultati.

Nell'intervista si segue una sequenza fissa di comportamenti: la prima parte è dedicata a stabilire un rapporto con il testimone e a spiegare lo scopo dell'intervista. Successivamente viene ricreato il contesto nel quale si è verificato l'evento. Questo è uno dei punti che differenzia l'intervista cognitiva da altri tipi di intervista, ed è basato su una teoria della memoria – sostenuta da evidenza sperimentale – in cui si afferma che un evento viene codificato in memoria insieme al contesto nel quale si è verificato e che soltanto le informazioni codificate insieme all'evento possono essere utili per un suo successivo ricordo. Ristabilire il contesto sia ambientale che emotivo aiuta a recuperare dalla memoria le informazioni ad esso associate. Dopo avere ricreato il contesto, si richiede alla persona di riportare liberamente qualsiasi informazione, anche parziale, indipendentemente dalla importanza che le era stata attribuita. Segue poi la parte riservata alle domande specifiche che servono a chiarire quanto è stato riportato fino a quel momento. Per aiutare il ricordo si chiede di formare un'immagine dell'evento e vengono poste domande che facilitano il ricordo degli aspetti fisici delle persone, le caratteristiche della voce, i nomi. Ad esempio: «Quella persona ti ha ricordato qualcuno che conoscevi? Se sì, perché?».

Porre domande specifiche, che come abbiamo visto non debbono contenere informazioni fuorvianti, favorisce l'emergere di ulteriori dettagli. Se il blocco del ricordo è su un nome, allora si chiede alla persona di ripetere mentalmente l'alfabeto in modo da individuare la prima lettera del nome. In studi di laboratorio è stato trovato che, nei due terzi dei casi, individuare la prima lettera di un nome aiuta a ricordarlo.

In una fase ancora successiva, si chiede di ricordare l'evento partendo dalla fine oppure da una diversa prospettiva. Alla base di queste richieste vi è l'ipotesi che cercare di recuperare le informazioni dalla propria memoria seguendo strade diverse può condurre a ulteriori nuove informazioni. Chiedere a un testimone di ricostruire una nuova descrizione dell'evento può portare a recuperare informazioni che non erano affiorate durante il primo resoconto.

Ricerche su testimoni di eventi reali

Soltanto molto di recente si è iniziato a studiare il comportamento di testimoni che avevano assistito a eventi accaduti nella vita reale e le indicazioni che provengono da questo tipo di indagini, relativamente alla persistenza del ricordo e alla sua suscettibilità alla manipolazione, sono in parte diverse da quelle degli studi di laboratorio. Quando l'evento, anche se criminoso, non è traumatico, ma piuttosto di routine, com'è il caso delle vittime di frodi, oppure dei poliziotti che, per il loro mestiere, sono frequentemente testimoni di atti criminosi, allora si verifica un oblio normale dell'evento. La vittima della frode si comporta come lo studente che ha il ruolo di testimone negli studi di laboratorio: si dimentica i dettagli e il suo ricordo è suscettibile di possibili distorsioni; mentre il poliziotto deve ricorrere agli appunti per poter ricordare quello specifico episodio.

Quando invece l'evento reale è traumatico, allora i ricordi delle vittime e/o dei testimoni possono essere accurati, dettagliati e permanenti. In uno studio condotto pochi anni fa vennero interrogate 110 persone che erano state vittime (impiegati di banca direttamente minacciati) o testimoni (persone che si trovavano nella banca come clienti) di rapine in banca. Gli episodi di rapina erano in totale 22. A tutti i testimoni furono rivolte delle domande sulla rapina. Risultò che le vittime ricordavano più dettagli dei semplici testimoni e che a quindici mesi dalla rapina le vittime ricordavano accuratamente i dettagli dei vestiti, delle azioni e delle armi dei rapinatori.

Inoltre, sempre nel caso di eventi traumatici, sono stati evidenziati interessanti fenomeni indicanti che la relazione tra trauma e ricordo è piuttosto complessa. Uno di questi fenomeni è noto come *restringimento del focus attentivo.* Ad esempio, nel caso di una rapina in banca, la persona coinvolta come vittima o come testimone si concentra su alcuni dettagli dell'intera situazione, dettagli che possono essere esterni, come l'arma impugnata, oppure interni, come l'angoscia provata. Un altro fenomeno è quello della *dissociazione*. Quando il focus attentivo è esterno, il testimone o la vittima prova l'esperienza «uscire dal proprio corpo» e di assistere all'evento traumatico da una posizione diversa da quella che occupava fisicamente. I ricordi vertono su dettagli «visti» da una prospettiva diversa. Quando il focus attentivo è interno, allora può succedere che la persona «viaggi» verso un altro luogo, nel tentativo di sottrarsi all'evento traumatico.

In tutti questi casi comunque il testimone ricorda qualcosa dell'evento. Può succedere invece che, in seguito a un evento traumatico, si verifichi uno stato di amnesia nel quale non rimane alcun ricordo di quanto è accaduto. I ricordi di un evento di cui siamo stati testimoni possono dunque essere di tipo diverso. Possono subire un normale oblio con la progressiva perdita dei dettagli, venire distorti da false informazioni, essere molto accurati e persistere per mesi e addirittura anni per via del forte impatto iniziale oppure essere molto parziali a causa del focus attentivo iniziale ristretto o addirittura non essere più accessibili come nel caso dell'amnesia. La «verità» della memoria è un argomento estremamente complesso: è certamente possibile distorcere i ricordi, ma è anche possibile creare le condizioni più favorevoli per un ricordo accurato.

6. *La memoria per il futuro*

Eventi passati e azioni da compiere

Finora abbiamo considerato la memoria in modo tradizionale, esplorando il ricordo di eventi già accaduti; tuttavia la memoria non riguarda soltanto eventi passati, ma anche eventi, azioni, che si devono compiere nel futuro. Ricordarsi di compiere determinate azioni, come fare la spesa, discutere di un certo argomento durante una riunione di lavoro, trasmettere un messaggio quando s'incontra una determinata persona, è una delle componenti fondamentali della nostra giornata – lavorativa e non – scandita dal ritmo delle «cose da fare».

In psicologia si usano termini specifici per indicare questi due tipi di memoria: *memoria retrospettiva* e *memoria prospettica*. Mentre con il primo si intende il ricordo di un evento passato, con il secondo s'intende il ricordo di un'azione da compiere in un determinato momento nel futuro, senza che vi sia una esplicita istruzione al ricordo, cioè senza che qualcuno o qualcosa ci ricordi che dobbiamo compiere una certa azione in determinate circostanze. Cruciale nella definizione di memoria prospettica è la parte «senza che vi sia una esplicita istruzione al ricordo», in quanto è proprio in questa fase che interviene la memoria prospettica, nel ricordarci che dobbiamo compiere una certa azione in certe circostanze. Spesso deleghiamo ad altri, persone (segretaria) o strumenti (timer), le funzioni della memoria prospettica proprio perché non è così semplice ricordarsi di fare l'azione prevista al momento giusto.

Osserviamo che in una stessa situazione possono essere coinvolte sia la memoria prospettica che la memoria retrospettiva e che le due componenti sono tra loro distinguibili. Consideriamo ad esempio la situazione in cui devo ricordarmi di trasmettere un messaggio a una persona: può capitare che io ricordi molto bene i contenuti del messaggio e che tuttavia, incontrando la persona, mi dimentichi di trasmetterglielo. In questo caso è la memoria prospettica che non ha funzionato. Oppure può succedere l'opposto, ovvero che, incontrando la persona, mi ricordi che dovevo dirle qualcosa e però mi sfugga che cosa dovevo comunicarle. In questo caso è la memoria retrospettiva che non ha funzionato. Consideriamo ora un'altra situazione, quella un cui debbo ricordarmi di prendere una medicina ogni quattro ore. La componente di memoria prospettica si riferisce esclusivamente all'azione di prendere la medicina. Ricordare il nome della medicina, la forma e il colore della scatola in cui è contenuta, la casa farmaceutica che l'ha prodotta, riguardano invece la memoria retrospettiva. È intuibile, ed è anche stato dimostrato sperimentalmente, come vedremo più avanti, che i due tipi di memoria sono indipendenti tra loro: posso ricordarmi molti particolari relativi alla medicina da prendere, ma lo stesso scordami di prenderla! Viceversa, posso ricordare di prenderla al momento giusto e avere completamente dimenticato il suo nome.

Un fattore che differenzia la memoria prospettica dalla memoria retrospettiva è il diverso valore attribuito al loro mancato funzionamento, cioè a una dimenticanza. Gli errori commessi in compiti di memoria retrospettiva sono generalmente attribuiti alla scarsa memoria della persona, mentre quelli commessi nell'esecuzione di una determinata azione tendono a essere attribuiti alla persona stessa, considerata nella sua globalità. Se, ad esempio, un figlio o una figlia dimenticano di fare gli auguri di compleanno a un genitore, il loro comportamento non viene solitamente attribuito a cattiva memoria, ma a disattenzione e disinteresse.

Fasi nella realizzazione di un'azione

Abbiamo detto che la memoria prospettica si manifesta esclusivamente attraverso il compimento di una determinata azione, tuttavia un'azione da compiere solitamente è, o almeno dovrebbe essere, inserita in un contesto di progettualità.

A partire dagli anni '80 gli psicologi si sono ampiamente occupati di questo argomento e hanno individuato fasi diverse nella realizzazione di un'azione in ciascuna delle quali è coinvolta la memoria. La prima fase, indicata con *voglio*, riguarda la formazione dell'intenzione: durante questa fase viene specificato un obiettivo e deciso che si vuole fare qualcosa per raggiungerlo. La seconda fase, quella del *come e quando*, comprende la formulazione di un piano di azione: viene specificata l'azione o la sequenza di azioni che ci consente di raggiungere l'obiettivo e il contesto in cui l'azione deve essere compiuta. La scelta del contesto è particolarmente rilevante perché determina «quando» l'azione deve essere messa in atto. Segue la terza fase, quella dell'*intervallo di ritenzione* cioè il periodo di tempo che passa tra il momento in cui viene formulata l'intenzione e il momento in cui l'azione viene eseguita. Si tratta di un periodo variabile che può essere breve o lungo. Nella quarta fase avviene l'*esecuzione dell'azione secondo il piano stabilito.* In questa fase, nel contesto appropriato, l'azione programmata viene iniziata e portata a termine. Una caratteristica della memoria prospettica è che spesso il ricordo dell'azione avviene spontaneamente, senza una ricerca consapevole nella memoria. Si giunge infine alla quinta e ultima fase, relativa alla *valutazione dell'azione eseguita.* È necessario infatti mantenere il ricordo dell'azione compiuta, se non altro per evitare di ripeterla e per valutarne l'effetto.

Le fasi descritte sono facilmente identificabili in ogni azione che noi progettiamo di compiere, dalla più semplice alla più complessa e sofisticata, e costituiscono uno schema molto utile per analizzare e valutare le nostre azioni future e anche... quelle passate. Come dicevamo, tutte queste fasi coinvolgono la memoria: tuttavia soltanto la quarta fase implica la memoria prospettica, mentre le altre coinvolgono la memoria retrospettiva. Qualsiasi situazione di memoria prospettica è dunque calata in un quadro di memoria retrospettiva.

Nella vita quotidiana l'azione da compiere può variare considerevolmente, sia per la natura stessa dell'azione che per la forza dell'intenzione e per il tipo di contesto nel quale l'azione deve venire recuperata dalla memoria e messa in atto. Una distinzione comune è quella tra azione abituale o di routine (ad esempio comprare il giornale) e azione nuova o complessa. Tanto più l'azione è complessa tanto maggiore è in generale il carico di lavoro che ricade sui processi di pianificazione, formulazione e ricordo dei medesimi.

Lo *stato intenzionale* rappresenta la forza dell'intenzione; può variare tra: «vorrei», «voglio», «devo», «dovrei» e dipende da fattori diversi, quali l'importanza che l'azione riveste per chi la compie e le sue conseguenze. Un'azione che ci siamo imposti viene probabilmente ricordata meglio di una richiesta da altri, in quanto è associata a un'intenzione più forte. Le azioni da compiere si possono differenziare anche in base alle caratteristiche della situazione in cui devono essere messe in atto. Si usa il termine *contesto di recupero* per descrivere il «quando» dell'azione. Il contesto di recupero può riferirsi a un evento (sollevare un certo argomento durante una riunione di lavoro), a una persona (comunicare una informazione a un collega), a un luogo (fare benzina al prossimo distributore), a un tempo (fare una telefonata durante la mattinata) e può essere generico o specifico. Ad esempio, nel caso del tempo un contesto generico si riferisce a un arco di tempo abbastanza ampio – la mattinata –, mentre un contesto specifico si riferisce a un'ora precisa. Un problema interessante è quello di capire quale tipo di contesto di recupero sia più favorevole all'esecuzione di una azione. Se voglio mettermi nelle condizioni migliori per ricordarmi di fare una certa cosa, come devo procedere?

Alcune ricerche

In alcune ricerche psicologiche si è cercato di individuare l'influenza che fattori diversi hanno sulla memoria prospettica sia in situazioni di studio naturalistico che di laboratorio. Centrale in ogni indagine è l'individuazione di un compito che contiene una componente di memoria prospettica, cioè la richiesta di ricordarsi di eseguire una certa azione in un determinato momento nel futuro (interrompendo quindi l'attività che si sta svolgendo) o in presenza di un determinato evento. In particolare, negli studi naturalistici ai soggetti viene richiesto di eseguire azioni che si fanno comunemente nella vita quotidiana, mentre in quelli di laboratorio l'azione da compiere è molto semplice, ma il contesto di recupero, stabilito dallo sperimentatore, è nuovo e piuttosto artificioso. Nella tabella 1 vengono riportati i compiti più frequentemente utilizzati nei due tipi di studi.

Vale la pena di soffermarsi su questi compiti, perché presentano alcuni aspetti interessanti. A differenza della vita di tutti i giorni, nelle ricerche empiriche – siano esse studi naturalistici o di laboratorio – il compito prospettico è sempre richiesto dallo sperimentatore. Inoltre, nel caso degli studi di laboratorio, il compito è inserito in un altro compito che il soggetto deve svolgere con tempi e modalità decise dallo sperimentatore. Il contesto di recupero è in alcuni compiti basato sul tempo e in altri basato sul verificarsi di un evento: ad esempio premere un tasto quando sullo schermo appare una parola denotante un animale. In alcuni casi è specifico, in altri più generico. Si è visto che le azioni con un contesto di recupero specifico sono ricordate meglio e giudicate più im-

TAB. 1. *Esempi di compiti usati negli studi psicologici sulla memoria prospettica*

Studi naturalistici	Studi di laboratorio
Fare una telefonata al giorno allo sperimentatore da lunedì a venerdì	Premere il tasto di una tastiera quando sullo schermo compare una parola denotante un animale
Impostare una cartolina durante il week-end	Finita l'intervista, disegnare un cerchio su di un foglio
Presentarsi a un appuntamento in un certo giorno e a una certa ora	Durante un compito nel quale sullo schermo vengono presentate domande a scelta multipla, si richiede di premere un tasto specifico ogni cinque minuti
Spegnere il forno dopo 30 minuti dal momento in cui è stata messa a cuocere una torta	

portanti delle azioni con un contesto di recupero più generico. Sempre a proposito del contesto di recupero si è studiato quale segnale riesca meglio a indurre a compiere l'azione mettendo a confronto un segnale di tipo temporale con un segnale dato dal fatto di trovarsi in una certa circostanza. In un esperimento alcuni soggetti dovevano premere un pulsante o in un determinato momento (memoria prospettica basata sul tempo) o quando si trovavano in un determinato luogo (memoria prospettica basata su di una particolare circostanza). Il compito basato sul tempo risultò essere più difficile di quello basato sull'evento. In generale è più facile dimenticarsi di compiere una certa azione a un tempo prestabilito piuttosto che in una determinata circostanza. Perché questo accade? Una possibile spiegazione è la seguente: in assenza di aiuti esterni, un compito basato sul tempo dipende dall'efficacia dei processi interni messi in atto da chi deve compiere l'azione, un compito basato sull'evento dipende invece dal semplice riconoscimento dell'evento che segnala l'esecuzione dell'azione.

Quando non siamo muniti di un timer che ci segnala il momento in cui compiere una determinata azione, ma soltanto di un orologio sul quale leggere l'ora, come ci regoliamo per il controllo del tempo? In un interessante esperimento è stato studiato il comportamento di un gruppo di bambini, il cui compito prospettico consisteva nel ricordarsi di togliere una torta dal forno, dopo mezz'ora. Si è trovato che la frequenza con la quale i bambini guardavano l'orologio variava durante la mezz'ora. Il controllo dell'orologio era frequente nei primi dieci minuti, successivamente calava per risalire negli ultimi cinque.

Come spiegare questo comportamento? È stata fatta l'ipotesi che i più frequenti controlli nei primi cinque-dieci minuti servissero per «calibrare» l'orologio «esterno» con quello «interno», cioè con la soggettiva valutazione del tempo trascorso; durante il periodo intermedio ci si affidava all'orologio «interno», per poi ritornare a quello «esterno» nel momento in cui ci si avvicinava alla fine della mezz'ora. La validità di questa interpretazione è stata rafforzata da un ulteriore dato: la frequenza dei controlli non cambiava anche quando l'orologio veniva artificiosamente rallentato o accelerato.

Altri fattori rilevanti per la memoria prospettica sono la motivazione e i tratti di personalità. È piuttosto ovvia l'osservazione che raramente dimentichiamo un appuntamento per noi molto importante. Un alto livello di motivazione fa sì che l'azione da compiere venga spesso ripetuta mentalmente e che venga formulato un elaborato e dettagliato piano di esecuzione. Per quanto riguarda i tratti di personalità si è visto che esiste una relazione piuttosto complessa tra il livello di ansia del soggetto e la sua prestazione in compiti di memoria prospettica. Livelli bassi e alti di ansietà migliorano la prestazione, mentre quelli intermedi la peggiorano. L'ansia può agire quindi sia in modo negativo, aumentando la tendenza a commettere errori, sia in modo positivo, aumentando la cura e lo sforzo nel compiere una determinata azione. È possibile che la miglior prestazione che si ottiene a livelli bassi di ansia sia associata a un minor numero di errori, mentre quella a un livello alto sia dovuta all'effetto positivo di una maggiore cura e sforzo che compenserebbe l'effetto negativo dell'ansia. A livelli intermedi di ansia, invece, lo sforzo impiegato non sarebbe sufficiente a compensare gli errori.

Una caratteristica dei compiti di memoria prospettica è che tra il momento della formulazione del piano e quello dell'esecuzione passa del tempo durante il quale siamo impegnati in attività diverse. Si è notato che soggetti impegnati in attività che richiedono poca attenzione affermano di ripetere mentalmente le azioni da compiere più frequentemente di quelli impegnati in attività che richiedono molta attenzione. Ripetere mentalmente significa mantenere attiva l'intenzione, con il risultato di aumentare la probabilità di ricordarsi l'azione da compiere. La probabilità di mancare a un appuntamento dipende, dunque, anche da quello che stavamo facendo nel periodo di tempo immediatamente precedente. Si è visto inoltre che i giovani attribuiscono, più spesso degli anziani, la mancata esecuzione del compito prospettico al fatto di essere distratti da altre attività.

Strategie per ricordare, azioni mancate e lapsus d'azione

Abbiamo precedentemente distinto tra fasi diverse nella realizzazione di un'azione. Una di queste fasi riguarda l'esecuzione del piano d'azione. Una volta che il piano è stato formulato e archiviato nella nostra mente, dobbiamo semplicemente metterlo in pratica al momento opportuno. Per riuscire a fare questo con successo è indispensabile un «qualcosa che ce lo ricordi», un segnale interno o esterno o qualche particolare strategia. In uno studio naturalistico sono state studiate le strategie messe in atto per ricordarsi le cose da fare. A un gruppo di 222 soggetti era stato chiesto di telefonare allo sperimentatore una volta al giorno dal lunedì al venerdì, o a un'ora precisa (le 10 di mattino), oppure in un intervallo di tempo (nel pomeriggio tra le tra 14 e le 17). Alla fine della settimana veniva richiesto di compilare un questionario e di descrivere le strategie utilizzate per ricordarsi di fare la telefonata. Dalle risposte, risultò che erano essenzialmente tre le strategie utilizzate:

• trasformare il compito basato sul tempo in un compito basato sull'evento, associando la telefonata da fare a un evento di routine (ad esempio: «ho deciso di telefonare dopo il caffè che prendo in genere a metà mattina»);

• utilizzare un aiuto esterno (ad esempio: «ho scritto una nota lasciandola in vista sul tavolo»);

• utilizzare un aiuto interno (ad esempio: «ho cercato di condizionarmi a ricordare senza alcun aiuto esterno»).

L'analisi dei risultati indicò che la prestazione al compito prospettico (telefonare) dipendeva dalla strategia utilizzata per ricordarlo. La strategia più efficace risultò essere la prima, seguita da quella che faceva ricorso all'aiuto esterno. La prestazione peggiore fu quella dei soggetti che utilizzavano aiuti interni. Lo sappiamo tutti per esperienza come sia facile dimenticarsi di compiere un'azione che intendevamo fare. Essendo diverse le fasi di realizzazione di un'azione, ne deriva che diversi possono essere i motivi per cui una azione non viene compiuta. È possibile che l'insuccesso sia dovuto al fatto che l'intenzione non sia stata codificata. Se l'intenzione di fare una determinata azione non è stata registrata nella memoria a lungo termine, allora semplicemente non c'è traccia dell'attività da compiere. Oppure è possibile che l'azione non sia stata pianificata in modo sufficientemente dettagliato per quanto riguarda il contesto di recupero e quindi non venga spontaneamente eseguita al momento stabilito.

In uno studio molto recente sono stati esaminati gli errori compiuti da un gruppo di persone in un compito di memoria prospettica inserito in una intervista fatta da uno psicologo. Il compito consisteva nel ricordare che il suono di un timer, che avveniva 20 minuti dopo le istruzioni, era il segnale per chiedere allo psicologo la data del prossimo appuntamento. Gli errori fatti in questo compito risultarono essere di quattro tipi: 1) al suono del timer i soggetti facevano una domanda diversa da quella richiesta; 2) ricordavano spontaneamente che dovevano fare qualcosa, ma non che cosa; 3) soltanto se specificamente interrogati, ricordavano che cosa dovevano chiedere; 4) non sapevano che cosa dovevano chiedere anche se erano interrogati. Gli errori 1 e 4 si possono interpretare come una mancata o erronea registrazione in memoria dell'intenzione, mentre gli errori 2 e 3 come un mancato recupero dell'azione da compiere al momento opportuno.

Considererò ora una esperienza comune a tutti noi, quella di ritrovarci a fare, per errore, una cosa al posto di un'altra. Non soltanto ci capita di dire una parola al posto di un'altra, i famosi lapsus della lingua, ma anche di fare, soprappensiero, cose al posto di altre, cioè *lapsus d'azione*: ad esempio, come è successo a un mio amico, uscire con un sacchetto per la spazzatura e una cartella e gettare nella spazzatura la cartella tenendosi invece ben stretto il sacchetto!

Gli psicologi hanno studiato i lapsus d'azione giungendo a delle interessanti conclusioni che riguardano quando, come e perché si cade in un lapsus. Ai partecipanti di uno studio è stato chiesto di annotare, per un periodo di due settimane, le loro azioni sbagliate e sono state identificate le categorie di errore indicate nella tabella 2. Gli errori più frequenti risultarono essere quelli di ripetizione (40%), seguiti da quelli di cambiamento di obiettivo (20%), da quelli di omissione e inversione (18%) e da quelli di confusione (16%).

Abbiamo dunque visto che diversi sono i tipi di errori che si possono commettere. Come si possono spiegare?

Osserviamo innanzitutto che una caratteristica comune alle azioni soggette a questi tipi di errore è quella di essere state molto ben apprese e ripetute più volte, mentre non commettiamo tanti errori nelle cose che stiamo imparando. I lapsus in parte sono dovuti a disattenzione. Per illustrare meglio questo fatto, gli psicologi hanno distinto tra *processi automatici* e *processi attentivi*. Le azioni più volte ripetute divengono automatiche e non hanno bisogno di un controllo attentivo conti-

TAB. 2. *Categorie di errori che sono alla base delle azioni sbagliate annotate da un gruppo di soggetti nell'arco di due settimane*

Errori di ripetizione: dimenticarsi che un'azione è stata appena compiuta e accingersi a ripeterla (esempio: stavo per prendere un pacchetto di sigarette, dimenticando che ne avevo appena messo uno nella borsetta).

Cambiamento d'obiettivo: dimenticare l'obiettivo di una sequenza d'azione e passare a un obiettivo diverso (esempio: volevo andare a casa di un mio amico e mi sono ritrovato sulla strada che porta al mio ufficio).

Omissioni e inversioni: omettere una delle componenti nella sequenza o invertire l'ordine (esempio: mettere l'acqua sul fuoco per la pasta e dimenticarsi di accendere il gas, oppure mettere il coperchio sulla pentola prima di averci messo dentro qualcosa).

Confusioni: confondere l'oggetto adeguato per una determinata sequenza di azioni con quello adeguato in una sequenza diversa (esempio: prendere un cacciavite al posto di un martello per appendere un quadro); confondere una sequenza di azione con un'altra sequenza di azioni (esempio: una signora inglese raccontò di avere tirato gli orecchini al cane e tentato di mettersi alle orecchie i biscotti).

---

nuo; per questo possono essere svolte anche quando la mente è impegnata in altre attività. Tuttavia anche sequenze di azioni divenute automatiche richiedono, in certi momenti critici, il controllo dell'attenzione; se questo non avviene, allora si possono commettere degli errori. In ogni caso, attribuire i lapsus a una mancanza di attenzione non consente di distinguere tra i diversi tipi di errori.

Un modello esplicativo più dettagliato è quello che si basa sul concetto di *schema d'azione*, cioè una struttura di conoscenza che rappresenta la sequenza d'azione. Gli schemi d'azione hanno una organizzazione gerarchica. Esistono degli schemi «genitori» che rappresentano l'obiettivo globale («voglio fare un giro in bicicletta») e degli schemi «bambini», che rappresentano le azioni necessarie per raggiungere l'obiettivo («devo mettermi i pantaloni della tuta e le scarpe da tennis, andare in garage, tirare fuori la bicicletta, controllare le gomme»). Ogni schema è contraddistinto da un livello di attivazione determinato da eventi interni – piani, bisogni intenzioni – e da eventi esterni – la situazione in cui ci si trova. Nell'esempio della bicicletta l'evento interno potrebbe essere il bisogno di fare un po' di moto, dopo essere stati seduti a scrivere per alcune ore e l'evento esterno potrebbe essere la bella giornata non troppo calda.

Ogni schema è anche caratterizzato da una serie di condizioni che «innescano» comportamenti in accordo con l'esecuzione dell'azione. Ad esempio, nel caso del giro in bicicletta, una salita rappresenta la condizione che «innesca» l'inserimento di un cambio favorevole. I lapsus d'azione possono essere la conseguenza di una erronea specificazione dell'intenzione globale, di una erronea attivazione dello schema, o di erronee «condizioni innescanti», cioè di condizioni che mettono in atto comportamenti sbagliati rispetto all'azione pianificata. Ad esempio, lo schema «andare al lavoro», che viene usato di frequente, può avere un livello di attivazione più elevato del livello dello schema «andare a visitare un amico» e quindi essere soggetto a comportare quel tipo di errore classificato come cambiamento d'obiettivo. Le confusioni invece hanno luogo quando due schemi diversi vengono messi in atto contemporaneamente.

Con questo capitolo si conclude la parte del volume dedicata ad alcuni aspetti particolari della memoria: nella parte che segue saranno esaminati aspetti più generali per capire come varia il funzionamento della memoria in relazione all'età, ai disturbi e alle capacità eccezionali.

7. *Memoria ed età*

Opinioni sulla memoria degli anziani

Spesso parlando con amici sentiamo frasi del tipo: «sai, la mia memoria non è più quella di una volta», oppure «devo prendere nota di tutto altrimenti mi dimentico le cose da fare», e ancora, riferendosi a una persona anziana, «ha una certa età, e per questo tende a dimenticarsi le cose».

Queste frasi riflettono opinioni piuttosto radicate sulla relazione tra il funzionamento della memoria e l'età ed esemplificano bene due aspetti: da una parte, il convincimento della persona anziana che la sua memoria stia peggiorando, dall'altra l'esistenza di uno stereotipo circa il declino della memoria con l'età. Ci aspettiamo che una persona anziana, in determinate situazioni, dimentichi più frequentemente di una giovane.

Le nostre osservazioni quotidiane sono convalidate dalla ricerca psicologica che riporta più frequentemente nelle persone anziane rispetto a quelle giovani «lamentele» sulla propria memoria e valutazioni negative sul suo funzionamento. Per effettuare queste ricerche vengono solitamente usati dei questionari nei quali si richiede di valutare la frequenza con cui sono state osservate delle dimenticanze in alcune particolari situazioni della vita quotidiana. Prima di passare alla descrizione delle ricerche, per fare un esempio del tipo di questionari utilizzati, riportiamo alcune delle domande proposte insieme con la scala di valutazione. Ogni domanda ha una formulazione standard: viene cioè chiesto quanto spesso ci si è dimenticati di fare una certa cosa; la risposta, che quantifica in forma numerica la frequenza delle dimenticanze, varia da 1 (non me ne dimentico mai) a 6 (mi capita di dimenticarmene più di una volta al giorno). Notiamo che a un punteggio elevato corrisponde una valutazione negativa della propria memoria, al contrario a un punteggio basso corrisponde una valutazione positiva.

Breve questionario di autovalutazione della propria memoria in alcune situazioni della vita quotidiana

1) Quanto spesso non sei riuscita/o a riconoscere luoghi nei quali eri già stato?

2) Quanto spesso ti sei dimenticata/o se avevi fatto una certa cosa, come chiudere a chiave la porta di casa, o spegnere il gas?

3) Quanto spesso ti sei dimenticata/o quando è accaduta una certa cosa, chiedendoti se era successa ieri o la settimana precedente?

4) Quanto spesso ti sei dimenticata/o dove hai messo cose come gli occhiali o il portafoglio?

5) Quanto spesso hai dimenticata/o una cosa che ti era stata detta da poco ed è stato necessario ricordartela?

6) Quanto spesso non sei stata/o capace di ricordare una parola o un nome anche se era proprio «sulla punta della lingua»?

7) Durante una conversazione quanto spesso ti dimentichi di cosa si stava parlando?

Rispondere a ogni domanda assegnando un punteggio tra 1 e 6:

1. punto: mai, negli ultimi 6 mesi
2. punti: 1 o 2 volte negli ultimi 6 mesi
3. punti: circa 1 volta al mese
4. punti: circa 1 volta la settimana
5. punti: ogni giorno
6. punti: più di 1 volta al giorno

Punteggio ottenuto:

7-14 = sopra la media; 15-25= nella media; 28 o più = sotto la media

---

Abbiamo già detto che le lamentele sul funzionamento della propria memoria sembrano essere più frequenti nelle persone anziane. In effetti ciascuno di noi, o perché le ha sentite fare dai propri parenti, o perché le fa in prima persona, essendo già in là con gli anni, può essersi fatto un'opinione personale in proposito.

Essendo oggi l'invecchiamento un tema di grande interesse, dato che la vita media delle persone si è sensibilmente allungata, sono state condotte numerose indagini allo scopo di quantificare e descrivere i problemi di memoria riportati dalle persone in fase di invecchiamento. In una recente indagine, condotta negli Stati Uniti su 14.000 adulti di età superiore a 55 anni, è stato evidenziato che la percentuale di individui che lamentano difficoltà di memoria aumenta sistematicamente con l'aumentare dell'età. In particolare, per le persone di età compresa tra 64 e 75 anni le dimenticanze più frequenti risultarono essere: accorgersi che una parola è sulla «punta della lingua», ma essere incapaci di recuperarla, dover tornare indietro per controllare se si è fatta una determinata cosa, dimenticarsi quando era successo un certo evento, dimenticarsi completamente di portarsi dietro una certa cosa, fare confusione tra i dettagli di quanto ci è stato detto, dimenticarsi dove si è messo qualcosa, mentre si parla con qualcuno dimenticarsi di quanto appena detto. Le persone anziane tendono dunque ad avere problemi di memoria e a dichiararli con maggior frequenza man mano che l'età avanza. Ma i loro problemi sono davvero più frequenti di quelli riportati dai giovani? In uno studio fatto a questo proposito sono state confrontate le autovalutazioni di un gruppo di giovani (di età compresa tra i 18 e i 34 anni) e quelle di un gruppo di adulti/anziani (di età compresa tra i 56 e i 74 anni). I risultati hanno indicato che effettivamente gli anziani dichiarano più frequentemente dei giovani di commettere delle dimenticanze. Sempre nella stessa ricerca, oltre a valutare se stessi, si è chiesto di valutare, nelle stesse situazioni, la memoria di una ipotetica persona di 25, 45, 65, 85 anni. Questa seconda valutazione era intesa a verificare l'esistenza di uno stereotipo relativo al declino della memoria con l'età e i risultati confermarono che, tanto più una persona è anziana, tanto più diminuiscono le aspettative circa il funzionamento della sua memoria. Mentre a una persona giovane viene attribuita una frequenza media di dimenticanze vicina a «circa una volta al mese», a una persona anziana viene attribuita una frequenza media di dimenticanze vicina a «circa una volta al giorno». Esiste dunque uno stereotipo ben radicato sulla relazione tra memoria ed età.

In conclusione, sulla base dei risultati delle indagini empiriche, e in questa sede sono stati brevemente descritti soltanto alcuni esempi di ricerche, possiamo affermare che non soltanto gli anziani sono in genere convinti che la loro memoria sia peggiorata rispetto ai tempi della loro gioventù, ma che anche «gli altri» sono convinti che la loro memoria non funzioni troppo bene! È plausibile supporre che queste due opinioni siano tra loro collegate. L'esistenza di uno stereotipo relativo al cattivo funzionamento della memoria nella persona anziana può influenzare l'autopercezione della stessa, nel senso che la porta ad accorgersi, ora, di dimenticanze che in realtà sono state sempre presenti nella sua esistenza, ma alle quali in passato non aveva attribuito alcuna importanza. Un'altra opinione piuttosto diffusa è che gli anziani, a differenza dei giovani adulti siano in grado di ricordare accuratamente episodi della loro giovinezza, mentre episodi che risalgono a un passato molto più recente non godono di alcuna particolare rilevanza.

Che cosa dice la ricerca psicologica a questo proposito? In uno studio molto recente, volto a indagare come si distribuiscono i ricordi nel tempo, è stata utilizzata una procedura proposta per la prima volta dallo psicologo inglese Francis Galton, più di cento anni fa. Ai soggetti, in questo caso un gruppo di adulti di età compresa tra i 36 e i 40 anni e un gruppo di giovani-anziani di età compresa tra i 56 e 60 anni, venivano sottoposte delle parole singole (ad esempio: «fiume») e veniva richiesto di evocare il primo ricordo autobiografico che queste parole facevano venire in mente. Questa tecnica è efficace nell'evocare i ricordi: nello studio al quale mi riferisco l'86% delle parole evocò dei ricordi. Per ogni ricordo i soggetti dovevano poi specificare in quale anno era accaduto l'evento cui il ricordo si riferiva. I risultati dell'indagine mostrarono come in effetti i ricordi degli anziani si distribuivano nel tempo in modo diverso da quelli dei giovani adulti. Circa il 40% dei ricordi degli adulti si riferiva a episodi successi cinque anni prima, mentre soltanto il 15% dei ricordi degli anziani si riferiva a quel periodo. Inoltre, soprattutto negli anziani, era presente quello che in linguaggio tecnico viene chiamato *reminiscence bump*, cioè cumulo di reminiscenze, definito come un elevato numero di ricordi per eventi successi tra i 6 e i 15 anni.

Come si può spiegare questo fenomeno, cioè la preferenza a ricordare eventi recenti da parte dei giovani ed eventi dell'infanzia e dell'adolescenza da parte degli anziani? I risultati di diverse ricerche suggeriscono una spiegazione basata su due caratteristiche del ricordo: la «vividezza» e il riferimento a fatti vissuti per «la prima volta». Per ricordo «vivido» s'intende un ricordo ricco di immagini visive e di particolari: nel ricordare, la persona sembra quasi rivivere l'esperienza passata. Succede che mentre nelle persone giovani i ricordi di eventi recenti risultano essere più vividi di quelli di eventi remoti, questo non succede per le persone più anziane. I ricordi di eventi recenti non hanno una marcata coloritura per gli anziani (forse sono meno interessanti?) e la mancanza di una particolare salienza per i ricordi recenti consente agli anziani di ricordare anche eventi remoti. Inoltre i ricordi di fatti successi durante il periodo dell'adolescenza hanno un carattere particolare, quello di riferirsi, nella maggioranza dei casi, a fatti vissuti per «la prima volta». Per questo motivo le prime esperienze vengono ricordate meglio di altre esperienze simili che si ripetono nella vita. I ricordi relativi al periodo «di mezzo» non hanno né la caratteristica di «vividezza», né quella della «prima volta», e di conseguenza sono meno frequenti, sia negli anziani che nei giovani. Ovviamente anche i giovani hanno dei ricordi della «prima volta», tuttavia questi vengono mascherati dalla preponderanza dei ricordi recenti. La diversa distribuzione nel tempo dei ricordi tra le persone anziane e quelle giovani, non sarebbe dunque dovuta a un diverso funzionamento della memoria, ma alle diverse caratteristiche dei ricordi recenti nei due gruppi.

Dalle opinioni alla prestazione effettiva: il peggioramento della memoria negli anziani dipende dalla situazione

Finora abbiamo considerato soprattutto opinioni sul funzionamento della memoria negli anziani: è tempo di rivolgersi alle loro effettive prestazioni, andando a curiosare tra i molti esperimenti condotti in laboratorio in condizioni controllate. In un tipico esperimento le prestazioni in alcuni compiti di memoria di un gruppo di giovani vengono confrontate con quelle di un gruppo di anziani. Per evitare che i risultati siano viziati da fattori confondenti è necessario che i due gruppi siano formati da persone con lo stesso livello di studio. Un altro aspetto che deve essere controllato è quello dello stato di salute. È possibile che il gruppo degli anziani abbia delle prestazione inferiori non per via dell'età, ma a causa della presenza di fattori di rischio, come danni cerebrali dovuti ad alcolismo, diabete o depressione. Un altro fattore che può influire è la minore fiducia in se stesso dell'anziano rispetto al giovane. Si tratta dunque di studi metodologicamente complessi che tuttavia hanno prodotto risultati interessanti.

È risultato che gli anziani hanno una memoria peggiore soltanto in alcuni compiti, mentre in altri non vi è alcuna differenza. In generale si può affermare che non risultano differenze di prestazione in compiti che impegnano prevalentemente la memoria a breve termine. Ad esempio, giovani e anziani hanno prestazioni equiparabili nel compito classico di span di cifre, nel quale vengono presentate sequenze via via più lunghe di numeri e viene richiesto ai soggetti di ricordare le cifre nello stesso ordine in cui sono state presentate. Non sono emerse differenze neanche in compiti di tipo motorio, ad esempio dattilografi giovani e anziani, dello stesso livello di abilità, impiegarono in media lo stesso tempo a battere a macchina un brano in prosa. Inoltre non è stata trovata alcuna differenza in test di memoria semantica, riguardanti ad esempio la conoscenza delle parole. In altre situazioni, invece, si è riscontrata una forte differenza tra giovani e anziani. La differenza emerge soprattutto se si mettono a confronto le prestazioni in compiti di rievocazione. Ricordiamo che un compito classico di rievocazione (vedi cap. 1) consiste nel presentare per una sola volta un certo materiale, ad esempio una lista di parole, e nel chiederne la successiva rievocazione. Si tratta dunque di una situazione in cui si valuta il ricordo di materiale non bene appreso. Si è visto che l'età influisce negativamente sulla capacità di rievocare liste di parole, passaggi di prosa, nomi di persona. Anche in situazioni più «ecologiche» – cioè più naturali – gli anziani dimostrano minore capacità dei giovani, ad esempio ricordano meno bene la mappa di un museo, i monumenti e gli edifici più importanti di una città.

Se in compiti di rievocazione gli anziani riescono meno bene dei giovani, che cosa succede nei compiti di riconoscimento, nei quali l'informazione precedentemente presentata è presente, al momento del ricordo, insieme ad altre che tuttavia non sono quelle giuste? In generale nei compiti di riconoscimento la prestazione dei giovani e degli anziani è dello stesso livello, salvo in alcune condizioni particolari, molto interessanti perché hanno dimostrato che gli anziani, quando riconoscono, mettono in atto processi diversi da quelli usati dai giovani. Vediamo alcuni degli esperimenti che hanno consentito di evidenziare questa differenza.

In un esperimento condotto molto recentemente, a soggetti giovani, anziani (età media 67 anni) e vecchi (età media 81 anni), è stata mostrata una lista di parole. Successivamente si è proposto un test di riconoscimento nel quale viene presentata un'altra lista composta da parole che facevano già parte della precedente lista e da altre parole «nuove». Per ognuna delle parole il soggetto deve dire se la riconosceva, specificando per ciascuna parola riconosciuta se la ricorda (R) o semplicemente la conosce (C). R indica che la parola è stata riconosciuta sulla base di qualche informazione specifica registrata durante la presentazione della lista (ad esempio, riconosco «finestra» perché era la prima parola della lista, oppure riconosco «patata» perché mi ha fatto venire in mente che devo comprare la verdura...) e C indica che non c'è nulla di specifico collegato con quella parola, ma semplicemente un senso di familiarità. I risultati dell'esperimento mettono in luce che la differenza tra giovani e anziani non sta tanto nella percentuale di parole riconosciute (i giovani sono in grado di riconoscerne un po' di più degli anziani, ma non molte di più), ma nel modo in cui le riconoscono. Con l'età aumentano i riconoscimenti di tipo C, basati cioè sulla semplice familiarità della parola, cioè come una delle parole contenute nella lista, rispetto a quelli di tipo R, basati su un ricordo della parola connesso a un contesto.

Sembra dunque che anziani e giovani riconoscano attraverso processi diversi: gli anziani soprattutto in base alla familiarità, i giovani in base alle informazioni connesse al contesto. Se così stanno le cose, è facile prevedere che gli anziani possano commettere molti errori in particolari situazioni nelle quali «riconoscere in base alla familiarità» porta a delle conclusioni errate. È stato ideato un esperimento piuttosto insidioso in cui si controllava la familiarità delle parole, ma soltanto alcune delle parole familiari erano implicate nel compito di riconoscimento.

Consideriamo la seguente situazione, nella quale il compito di riconoscimento è diverso da quello precedente, in quanto vengono presentati gruppi di 2 o 4 parole, ma per ogni gruppo soltanto la parola sottolineata deve essere tenuta a mente per il successivo test di riconoscimento.

A	Pappagallo	*B*	termometro
	Cornucopia		parabordo
	Pagliericcio		
	Spettacolo		

Nel test di riconoscimento i due gruppi di parole vengono mostrati nuovamente, ma senza la sottolineatura, e il soggetto deve riconoscere quale delle parole era stata precedentemente sottolineata (spettacolo, parabordo). Quando il gruppo è formato da quattro parole, tre di queste non sono risposte corrette, quando è formato da due parole una soltanto non è la risposta corretta.

È facile capire che se il riconoscimento si basa prevalentemente sulla familiarità allora le risposte sbagliate saranno frequenti, nel senso che verranno riconosciute anche parole non sottolineate: verrà detto ad esempio che «cornucopia» era una delle parole valide per il successivo riconoscimento. Al contrario, se si basa su specifici ricordi contestuali, verranno riconosciute soltanto quelle sottolineate. Se, come abbiamo detto precedentemente, per gli anziani il riconoscimento si basa sulla familiarità, allora in questo tipo di compito tenderanno a commettere molti errori in quanto tutte le parole sono familiari, ma soltanto alcune sono corrette. Gli errori saranno tanto più numerosi quanto più elevato è il numero delle parole sbagliate (quelle non sottolineate) rispetto a quelle giuste (quelle sottolineate). I risultati di questo esperimento un po' insidioso, pensato apposta per fare cadere in errore gli anziani, mostrano che succede proprio questo: gli anziani commettono molti più errori dei giovani, soprattutto nella situazione *A*, con gruppi di quattro parole.

La memoria prospettica negli anziani

Nel capitolo sulla memoria per il futuro abbiamo sottolineato come ricordarsi di mettere in atto le azioni programmate sia molto importante per le nostre attività quotidiane. Ci si potrebbe aspettare che la memoria prospettica diminuisca con l'età per i seguenti motivi:

1) con l'invecchiamento diventa più difficile eseguire di propria iniziativa delle attività mentali. Se questo è vero, nelle condizioni in cui il segnale per eseguire l'attività è basato su processi interni, come ad esempio controllare l'orologio per ricordarsi di prendere la medicina ogni quattro ore, le persone anziane potrebbero riuscire meno bene dei giovani;

2) in generale gli anziani sono più lenti nell'elaborare nuove informazioni e hanno minori capacità attentive. Potrebbero avere difficoltà a spostare l'attenzione da quanto stanno facendo durante l'intervallo di tempo che passa tra la decisione di compiere una determinata azione e l'esecuzione della stessa;

3) negli anziani è presente una minore capacità di controllo della realtà, cioè sono meno capaci di distinguere tra eventi immaginati ed eventi realmente accaduti. Potrebbero dunque non eseguire il compito prospettico perché non distinguono tra l'intenzione ad eseguire una certa azione (devo prendere la medicina) e l'azione eseguita (ho preso la medicina). In questo caso potrebbero fare un errore di omissione: non prendere la medicina;

4) negli anziani è anche presente una minore capacità di controllo dell'azione, cioè sono meno abili nel verificare se un'azione è stata effettivamente eseguita (fase 5 della realizzazione di uno schema d'azione, vedi cap. 6). In questo caso l'errore potrebbe consistere, sempre riferendosi all'esempio della medicina, nel prenderla due volte.

Sulla base delle precedenti considerazioni, ci si potrebbe dunque aspettare negli anziani un peggioramento della memoria prospettica. Quali sono i risultati delle più recenti ricerche condotte in questo ambito?

La risposta non è semplice, ma al contrario piuttosto articolata. Nei compiti prospettici quotidiani gli anziani si autovalutano abili quanto i giovani e, in effetti, negli studi di tipo naturalistico nei quali viene chiesto ai soggetti di fare una telefonata, spedire delle cartoline, o spedire un questionario, essendo liberi di scegliere la strategia di ricordo che preferiscono, gli adulti più anziani risultano essere altrettanto o più bravi dei giovani nell'esecuzione dei compiti prospettici. In particolare gli anziani non mancano agli appuntamenti. Tuttavia è stato anche riscontrato che i soggetti anziani utilizzano più dei giovani degli aiuti esterni per ricordarsi le cose da fare. La parità delle prestazioni nei giovani e negli anziani sarebbe dunque dovuta al maggiore uso di strategie da parte degli anziani. Non c'è niente di male in questo, perché l'importante è riuscire a fronteggiare con efficienza gli impegni quotidiani. Un altro fattore che influenza la prestazione, è l'attività che viene svolta durante il periodo che passa tra il momento in cui viene formata l'intenzione e quello dell'esecuzione. I giovani attribuiscono più spesso degli anziani la mancata esecuzione del compito prospettico al fatto di essere distratti da altre attività.

Le cose possono cambiare, per gli anziani, quando si considerano situazioni di laboratorio in cui gli aiuti esterni non sono consentiti. In una situazione in cui, alla fine di una intervista, i soggetti dovevano ricordarsi di chiedere una penna rossa, i settantenni (e oltre) risultarono meno bravi dei 30, 40, 50 e 60enni. In un recente esperimento veniva richiesto ai soggetti di segnare sulla pagina di un quaderno una parola associata a quella che compariva per 20 secondi su di uno schermo. Il compito prospettico consisteva nel segnare una crocetta su un foglio di quaderno ogni volta che la parola presentata apparteneva a una delle seguenti categorie semantiche: liquidi, parti del corpo, veicolo e parti di edifici. Il gruppo dei giovani (età media 26 anni) faceva il 73% delle possibili crocette, il gruppo degli anziani (età media 72 anni) ne faceva il 44%.

Non tutti gli studi hanno indicato una diminuzione delle prestazioni dovuta all'età. L'effetto dell'età è particolarmente evidente in compiti prospettici basati sul tempo, compiti nei quali l'aiuto proveniente dall'ambiente esterno è basso, mentre

TAB. 3. *Le principali caratteristiche del funzionamento della memoria negli anziani*

- La prestazione in test che implicano il mantenimento di informazioni nella memoria a breve termine è praticamente inalterata.
- La prestazione peggiora invece in maniera evidente quando tra il momento in cui l'informazione è stata presentata e il momento del ricordo passa un intervallo di tempo più o meno lungo.
- Sebbene la memoria coinvolta nel riconoscimento non peggiori in modo molto marcato con l'età, cambia il modo di riconoscere che si basa sulla «familiarità».
- Non appare in alcun modo un declino della memoria semantica, sebbene diminuisca la velocità con la quale gli anziani riescono ad accedere alle informazioni.
- Le abilità di memoria implicita rimangono inalterate.
- Rimangono relativamente inalterate le abilità di memoria prospettica.

si richiede un alto grado di iniziativa personale. Si può dunque concludere che la memoria prospettica è danneggiata solo relativamente nell'invecchiamento.

Da quanto detto precedentemente, sembra che le lamentele e gli stereotipi sul cattivo funzionamento della loro memoria non trovino molte conferme nei risultati degli esperimenti: nel loro insieme essi indicano che il peggioramento della memoria negli anziani non è diffuso, ma è limitato a particolari compiti e a particolari situazioni. Riassumiamo le precedenti considerazioni nella tabella 3.

Velocità di elaborazione, differenze individuali e modi di proteggere la memoria

Abbiamo visto nel paragrafo precedente come il peggioramento della memoria negli anziani venga evidenziato soltanto in certe situazioni. Sulla base dei molti risultati sperimentali ottenuti in diverse aree di indagine gli esperti sono concordi nell'affermare che, a meno che non si presentino situazioni chiaramente patologiche come il morbo di Alzheimer o delle malattie vascolari, l'età, da sola, non produce un effetto devastante sulla memoria. È ben noto che l'invecchiamento normale è accompagnato da una riduzione della massa cerebrale, che nel periodo che va dai 60 ai 70 anni varia tra il 5 e 10%, e che inoltre la zona dell'ippocampo e dei lobi frontali diviene meno attiva. Tuttavia gli studi sperimentali che hanno messo a confronto le prestazioni di giovani e anziani hanno indicato che il peggioramento della memoria degli anziani non è generale e, quando c'è, li rende tutt'al più meno veloci e meno precisi. È stato dimostrato un generico rallentamento nella capacità di elaborare le informazioni degli anziani, che può influire sulla loro prestazione in un compito di memoria. Una buona prestazione in un compito di memoria richiede infatti che le informazioni entrino nel sistema ben codificate, che siano efficacemente organizzate e infine recuperate.

La velocità di elaborazione entra in gioco in tutte queste fasi. Una minore elaborazione nella fase di codifica avrà delle conseguenze sia sull'organizzazione che sul recupero. Invecchiando continuiamo a codificare le caratteristiche generali dell'esperienza ma facciamo meno attenzione ai dettagli. Ad esempio si è visto che, in media, di una figura i giovani ricordano più dettagli degli anziani, ma che gli anziani raggiungono il livello di prestazione dei giovani quando vengono invitati a fare più attenzione. L'età da sola, dunque, per quanto riguarda le funzioni di memoria, non peggiora certamente la qualità della vita dell'anziano, che resta in grado di fare fronte ai suoi impegni quotidiani con efficienza, magari dovendoci dedicare più tempo e più attenzione. Un'altra considerazione che vale la pena di fare è quella relativa alle differenze individuali. Anche nei compiti in cui gli anziani fanno peggio dei giovani bisogna tenere presente che i risultati si riferiscono a valori medi, i quali ci dicono che, nell'insieme, come gruppo, gli anziani hanno una prestazione media inferiore a quella dei giovani. Tuttavia è possibile che alcuni anziani facciano altrettanto bene o addirittura meglio di alcuni giovani.

Ognuno di noi ha tra le sue conoscenze qualche anziano particolarmente arzillo con ottime prestazioni di memoria, il che in generale si accompagna a un buono stato di salute e a un sano stile di vita.

I ricercatori hanno mostrato che sono molteplici i fattori che possono avere influenze negative sulla memoria. Poche ore di sonno, troppe pillole per dormire, abuso di alcol possono interrompere la formazione di nuovi ricordi; ansia, depressione o semplicemente mancanza di stimoli possono diminuire la capacità di codifica delle informazioni.

Come proteggere la nostra memoria? Da quanto abbiamo detto consegue che chiunque sia interessato al mantenimento delle sue capacità cognitive dovrebbe dormire a sufficienza, cercare di controllare lo stress e condurre uno stile di vita che sia salutare per le condizioni del cuore, dal momento che il buon funzionamento del cervello dipende da quello del sistema circolatorio. In una indagine condotta su soggetti anziani, alcuni ricercatori di Madrid hanno trovato una correlazione tra un punteggio elevato ottenuto a un test di abilità mentale e un elevato consumo di frutta, verdura e fibre. Uno studio precedente, condotto all'università della Southern California, ha riportato che soggetti di circa 70 anni, osservati per un periodo di circa tre anni, erano meno soggetti a errori di memoria se si conservavano fisicamente attivi.

Se conservarsi fisicamente attivi ha un effetto benefico anche sulle attività cognitive, qual è l'effetto di mantenersi mentalmente attivi sulla memoria? Gli studi sugli animali ci informano che animali che vivono in un ambiente ricco di stimoli hanno più neuroni di quelli che vivono in ambiente impoverito, suggerendo che un ambiente stimolante può rallentare la perdita di neuroni negli stadi avanzati dell'esistenza. Recentemente si è iniziato a studiare l'effetto dell'ambiente, a seconda che sia più o meno stimolante, sulla memoria di soggetti anziani. È risultato che gli anziani che vivono nella loro casa riescono meglio nei test di memoria degli anziani che vivono in case di riposo. In compiti di memoria prospettica (ricordarsi di fare delle cose), gli anziani che vivono da più tempo in questi istituti riescono peggio di quelli che ci vivono da meno tempo. Ovviamente sono stati paragonati gruppi della stessa età media. Questo risultato non è sorprendente, dal momento che la vita negli istituti si basa molto sulla routine e che gli anziani che vi sono ospitati passano molto del loro tempo scavando nel passato.

Abbiamo visto che non è l'età il fattore che pesa di più sul funzionamento della memoria, ed è bene che sia così, dal momento che non possiamo in alcun modo intervenire sull'inevitabile scorrere del tempo. Sono piuttosto i fattori collaterali, come lo stato di salute, l'ambiente, le attività fisiche e mentali, che influiscono sul mantenimento dell'efficienza della nostra memoria.

8. *Quando la memoria fallisce: i disturbi della memoria*

Disturbi organici e psicogenici

In alcune circostanze la memoria può venire danneggiata in modo anche permanente: allora la vita di ogni giorno diviene molto più complicata perché una nostra preziosissima facoltà non ci sostiene più, con la consueta efficacia, nei pensieri, nelle azioni e nelle interazioni con gli altri.

I disturbi della memoria vengono divisi in due grandi categorie: i *disturbi organici* dovuti a lesioni cerebrali, e i *disturbi psicogenici*, un termine che riflette la loro origine mentale, per i quali non vi è traccia di alcuna evidente causa fisica. I disturbi organici della memoria, che possono essere permanenti o transitori, sono imputabili a diversi fattori. In generale non compaiono isolati ma sono frequentemente associati ad altri tipi di problemi psicologici: problemi motivazionali, disturbi della personalità e dell'attenzione, che concorrono a danneggiare le prestazioni della memoria. I disturbi psicogenici, chiamati anche *disturbi funzionali* (un nome che sottolinea il fatto che il disturbo riguarda la sola funzione della memoria), sono dovuti a eventi molto spiacevoli e disturbanti dal punto di vista emotivo. Le amnesie psicogeniche sono un sintomo di una classe di malattie mentali note come *disordini dissociativi*, in quanto implicano un problema nell'identità personale di entità più o meno grave. Disturbi organici e disturbi psicogenici costituiscono un quadro assai vario e scientificamente affascinante: nella

TAB. 4. *Disturbi della memoria organici e psicogenici*

Disturbi organici	Disturbi psicogenici
Permanenti:	Amnesia dissociativa
Sindrome amnesica	Fuga dissociativa
Amnesia nel morbo di Alzheimer	Personalità multipla
	Amnesia legata al crimine
Transitori:	
Amnesia causata da farmaci	
Amnesia causata da elettroshock	
Amnesia globale transitoria	
Amnesia post traumatica	
Amnesia prodotta da anestesia	

tabella 4 riportiamo alcuni tra i più noti disturbi della memoria.

Come dicevamo, il quadro dei disturbi della memoria è molto ricco; tuttavia alcuni tra questi sono particolarmente ben documentati. Mi riferisco alla *sindrome amnesica* tra i disturbi organici e all'*amnesia dissociativa* e alla *fuga dissociativa* tra quelli psicogenici. La loro descrizione richiede l'uso di termini specifici. Due tra questi sono comunemente usati dagli studiosi: *amnesia anterograda*, che si riferisce alla difficoltà del paziente ad apprendere nuove informazioni dopo il trauma o l'inizio della malattia, e *amnesia retrograda*, che si riferisce alla incapacità di ricordare eventi accaduti prima del trauma o della malattia.

Identificazione del disturbo

Lo studio dei disturbi della memoria si avvale di una serie di test che consentono di valutare le capacità di memoria del paziente paragonando la sua prestazione con quella di un gruppo di soggetti normali che condividono con il paziente alcune caratteristiche: tra le più importanti, età e livello d'istruzione. La maggior parte dei test richiede il ricordo di informazioni nuove proposte al momento del test, quali sequenze di facce, liste di parole, brani di prosa. Le prove proposte vengono solitamente fatte in due condizioni: una, cosiddetta di memoria immediata, in cui il ricordo viene testato immediatamente dopo la presentazione del materiale, e una, di memoria ritardata, in cui il ricordo viene valutato dopo un certo intervallo di tempo. Ad esempio, nella prova di memoria logica, che viene fatta utilizzando la scala di valutazione della memoria di Wechsler, al paziente viene letta una storia (circa 60 parole) e chiesto di ricordarne quanto più possibile sia immediatamente dopo la lettura (test di memoria immediata) che dopo un certo intervallo di tempo (test di memoria ritardata).

La memoria retrograda è più difficile da valutare, in quanto richiede di testare ricordi posseduti dal paziente ma ignoti alla persona che conduce il test. Si verifica inoltre un fatto estremamente interessante, e noto fin dalla fine del XIX secolo sotto il nome di *legge di Ribot*: i ricordi più danneggiati sono quelli più vicini temporalmente al trauma o all'inizio della malattia, quelli meno danneggiati sono i più lontani. Il meccanismo responsabile di questa distribuzione del danno nel tempo non è ancora noto, bisogna tuttavia tenerne conto quando si vuole valutare il danno della memoria. Una tecnica usata per valutare la memoria retrograda è quella di sollecitare nel paziente ricordi autobiografici in risposta a determinate parole singole, come ad esempio «primavera». Con questa tecnica è difficile valutare l'autenticità del ricordo, tuttavia il tipo di ricordo – se dettagliato o vago e confuso – e il periodo della vita al quale si riferisce, forniscono utili indicazioni per ulteriori indagini. Un altro modo è quello di fare domande su eventi pubblici, cioè su fatti e persone che si suppone siano noti alla maggior parte delle persone. Nel test delle «facce famose», ad esempio, al paziente vengono mostrate una serie di facce di atleti, uomini politici, attori, che sono stati celebri in momenti diversi, e gli viene chiesto di dirne il nome o la professione. Analogamente, nel test degli «eventi famosi» al paziente vengono poste domande relative a eventi famosi avvenuti in vari periodi storici. Avere a disposizione materiale riferibile a un certo periodo consente di valutare l'estensione temporale del problema di memoria.

L'uso dei test fornisce una valutazione oggettiva, espressa con un numero, della memoria di un paziente. Per potere interpretare il numero associato alla prestazione è tuttavia necessario avere a disposizione i «valori normativi del test», cioè il valore medio ottenuto in quella prova da un gruppo di persone, senza problemi di memoria, della stessa età, sesso e livello socioculturale del paziente in esame. La differenza tra la prestazione del paziente e il valore medio del gruppo di riferimento consente di valutare il suo problema di memoria. Nei casi clinici che verranno descritti in seguito vedremo l'uso di questi test. Ad esempio, nel test di «eventi famosi», in cui si presentano 100 eventi, di cui 50 veri (ad esempio: lo scandalo Watergate) e 50 falsi (l'affare Golberg), il paziente amnesico P.S. rispondeva correttamente al 75% degli eventi veri e riconosceva come veri il 33% degli eventi falsi. La sua prestazione complessiva era decisamente al di sotto della media, in quanto nelle persone normali la percentuale di riconoscimenti corretti si avvicina al 100%.

La sindrome amnesica

Nel linguaggio quotidiano il termine amnesia viene utilizzato per indicare un qualsiasi difetto di memoria, per lo più temporaneo. Gli psicologi invece usano il termine per denotare una sindrome clinica nota ai neurologi da più di 100 anni.

All'origine della sindrome amnesica vi sono lesioni cerebrali localizzate in parti diverse del cervello, isolatamente o in combinazione tra loro, causate da fattori diversi, quali alcolismo, trauma cranico, danni cerebro-vascolari, tumori, infezioni virali. Essendo molteplici le cause e le strutture cerebrali coinvolte, è facilmente intuibile come non esistano due pazienti amnesici che abbiano esattamente gli stessi disturbi. Malgrado ciò, dallo studio approfondito di questi pazienti è emerso un quadro coerente formato da deficit specifici e da abilità che invece non sono state danneggiate che ha consentito di definire, classicamente, la sindrome amnesica sulla base delle seguenti caratteristiche: *a*) non c'è evidenza di un disturbo della memoria a breve termine e infatti lo span di cifre è nella norma; *b*) la memoria semantica, il Q.I. e altre funzioni intellettive, linguaggio compreso, sono nella norma; *c*) è presente un'amnesia retrograda a livello variabile, che in alcuni pazienti interessa periodi di tempo molto ampi, in altri invece riguarda periodi vicini al trauma o all'insorgere della malattia; *d*) è presente una marcata e persistente amnesia anterograda, che viene evidenziata dall'incapacità di apprendere nuove informazioni e risulta dalle basse prestazioni conseguite nei relativi test.

La definizione classica di sindrome amnesica è stata parzialmente modificata dai risultati di ricerche condotte negli ultimi dieci anni, le quali hanno mostrato come i pazienti amnesici siano in realtà in grado di apprendere particolari tipi di compiti, sia di tipo motorio che percettivo, anche se non rimane alcun ricordo esplicito della fase di apprendimento. Nella definizione attuale di sindrome amnesica viene introdotta la distinzione tra memoria esplicita, cioè accompagnata da un ricordo consapevole, e memoria implicita, ovvero non accompagnata da un ricordo consapevole, e specificato che l'amnesia anterograda riguarda soltanto i compiti di memoria esplicita. Chiariamo questo punto con un esempio, che dimostra come alcune capacità di apprendimento dei pazienti amnesici non siano danneggiate.

In una situazione tipica, al paziente viene presentata una serie di «figure-puzzle», del tipo di quella riportata nella figura 5 e viene misurato il tempo richiesto per identificarle correttamente.

Il giorno successivo viene mostrata la stessa serie e viene nuovamente misurato il tempo necessario per identificare correttamente ogni figura. Nel caso di pazienti amnesici, analoga-

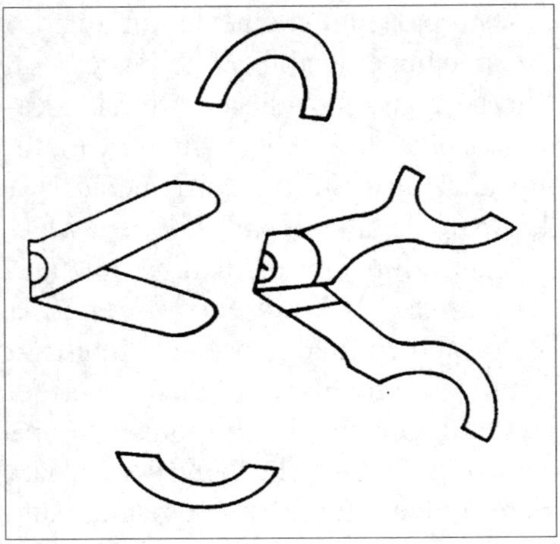

FIG. 5. Un esempio semplice di «figura-puzzle» rappresentante una forbice.

mente a quanto avviene nei soggetti normali, il tempo necessario all'identificazione diminuisce quando lo stimolo è ripetuto. Ad esempio, per il disegno di figura 5 il tempo di identificazione era di 163 secondi il primo giorno e di 17 secondi il secondo giorno. Mentre i soggetti normali ricordano esplicitamente l'episodio in cui è avvenuto il test, i pazienti amnesici non lo ricordano affatto. Soltanto dalla loro prestazione, e non dal loro ricordo esplicito, si può dedurre che è avvenuto l'apprendimento. Un altro tipo di compito utilizzato per mostrare che c'è stato apprendimento è quello del completamento di parole. Ai pazienti vengono mostrate delle parole incomplete, ad esempio AS_A_ _INO, CA_A_ _O, e viene chiesto loro di completarle (assassino, cavallo); si misura poi il tempo necessario per il completamento. Il compito viene ripetuto nei giorni seguenti. La registrazione dei tempi evidenzia come questi diminuiscano con le ripetizioni, indicando un apprendimento al quale non corrisponde alcun ricordo esplicito.

Due casi di amnesia

Descriviamo ora due casi di pazienti amnesici che illustrano bene quanto detto precedentemente: cause diverse, lesioni cerebrali in parti diverse del cervello e presenza delle caratteristiche di fondo che definiscono la sindrome amnesica.

Il caso di S.S. Prima della malattia virale (encefalite herpes simplex), che aveva contratto a 41 anni, S.S. era un fisico, presidente di una società operante nel settore della tecnologia laser. Veniva descritto come una persona brillante con molti interessi e molti amici. Durante la malattia rimase in stato comatoso per circa un mese, trascorso il quale presentava una emiparesi destra, afasia e amnesia. Con l'andare del tempo, i suoi problemi motori e di linguaggio scomparvero, mentre persistevano marcati disturbi della memoria.

Il suo Q.I. era 136, ben superiore alla media. Per quanto riguarda le prove di memoria, la sua prestazione era nella media nei test di memoria immediata, mentre decisamente al di sotto della media (punteggio < 50, valore medio = 100) nei test di memoria ritardata. Il problema di memoria di S.S. era caratterizzato da una marcata amnesia sia anterograda che retrograda. Non era in grado di ricordare nessuna informazione a distanza di due o tre minuti, né era in grado di ricordare eventi precedenti l'inizio della sua malattia, né eventi pubblici, né eventi particolarmente importanti della sua vita familiare, ad esempio il giorno del suo matrimonio. Tuttavia, il quadro del suo deficit appariva variabile durante i ripetuti esami. A volte riusciva a ricordare informazioni alle quali non aveva accesso in altre occasioni. La sua prestazione era invece nella norma in test di memoria implicita. L'esame neurofisiologico rivelò lesioni nelle regioni anteriori e mediali del lobo temporale sinistro e in alcune regioni del lobo frontale sinistro.

In seguito ai suoi problemi di memoria S.S. non fu più in grado di riprendere la vita lavorativa e si limitava ad attività casalinghe di routine che conduceva sotto la supervisione della moglie. Esprimeva soltanto occasionalmente preoccupazione per i suoi problemi di memoria, in modo del tutto distaccato emotivamente, e il suo umore era stabile e piacevole. Una indagine accurata della sua personalità ha suggerito due possibili spiegazioni per il suo distacco emotivo apparentemente incongruente con la sua nuova situazione esistenziale: l'amnesia lo aveva privato dei ricordi sui quali innestare la sua crescita emotiva; o, in alternativa, il danno cerebrale aveva interferito con il suo sviluppo emotivo, limitando la sua abilità ad associare un significato a stimoli emotivi.

Un altro caso che merita attenzione è quello di P.S., proprietario di due garage che gestiva personalmente, che all'età di 67 fu colpito da un infarto cerebrale che danneggiò il talamo, una piccola regione situata in profondità nel cervello, cioè lontana dalla corteccia cerebrale. Venne portato in ospedale in stato comatoso e lì rimase per un mese. All'uscita dell'ospedale, presentava un marcato e persistente disordine della memoria con le seguenti caratteristiche: span di cifre nella norma, Q.I. e test di linguaggio nella norma, presenza di amnesia anterograda rivelata con il test di Wechsler (non ricordava una storia letta pochi minuti prima, e il ricordo di una figura, che peraltro aveva accuratamente ricopiato era minimo) e presenza di una pronunciata amnesia retrograda.

L'indagine dettagliata della sua memoria autobiografica e di quella di eventi pubblici rivelò particolari molto interessanti. P.S. era convinto di essere in servizio attivo presso la Marina, ma di non trovarsi sulla nave perché in licenza. Molti episodi del periodo passato in Marina si rivelarono esatti: tuttavia dichiarava di essersi sposato e avere avuto due bambini prima di entrare in Marina, mentre in realtà i due bambini erano nati dopo che aveva lasciato la Marina. Le sue opinioni manifestavano una certa incoerenza. Riconosceva come corretta la sua data di nascita e quindi di avere più di 60 anni, tuttavia insisteva nella convinzione di essere in servizio attivo in Marina, anche se riconosceva che essere in servizio a 67 anni era molto improbabile. Pochi minuti dopo avere ammesso che doveva avere commesso un errore, ritornava alla sua convinzione di avere appena lasciato la nave ed essere in licenza. Quando gli venivano fatte domande circa luoghi ed edifici della sua città natale, i suoi ricordi erano corretti, ma si riferivano a circa 20 o più anni prima. Non ricordava ad esempio la posizione di un ponte e di un negozio costruiti alcuni anni prima della sua malattia, ma descriveva accuratamente i luoghi come erano prima della comparsa di quelle costruzioni.

Il deficit nei ricordi autobiografici era molto esteso. P.S. conosceva la data e il suo luogo di nascita, le scuole frequentate, i nomi degli insegnanti e il suo primo lavoro, ma non ricordava dettagli di importanti eventi personali che si erano verificati dopo che aveva compiuto 23 anni. Così non era in grado di dire né il nome della chiesa dove era avvenuto il suo matrimonio, né quello dei testimoni, né il luogo dove erano nati i suoi figli. Quando gli venivano mostrate delle fotografie, fornite dalla moglie, di eventi – pranzi, matrimoni, vacanze con parenti e amici – avvenuti tra i 15 e i 10 anni antecedenti la malattia, non ne riconosceva nessuna. Infine, sempre con l'aiuto della moglie, venne compilata una lista dei principali eventi accaduti negli ultimi tre decenni della sua vita. Usando questa lista venne costruito un test di rievocazione suggerita, durante il quale per ciascuno degli eventi (ad esempio vacanze a Tenerife) venivano utilizzate delle parole (ad esempio Santa Cruz) per sollecitare dei ricordi autobiografici. Per nessuno degli eventi P.S. era in grado di ricordare dei dettagli.

Successivamente venne analizzata la memoria per eventi pubblici, utilizzando il test delle «facce famose» e quello degli «eventi famosi». Il test delle «facce famose» è costituito da 72 ritratti di personaggi famosi, dodici per ogni decennio, di cui il paziente deve individuare i nomi; se non riesce a farlo, deve descrivere la persona, indicandone, ad esempio, la professione e scegliere, tra una terna di nomi di persone della stessa professione, quello della fotografia. P.S. ne nominava correttamente 12 su 72, dando una prestazione ben al di sotto della norma; tuttavia nella seconda parte del test ne identificava 55 su 60 dando delle informazioni molto dettagliate (ad esempio di Ronald Reagan ricordava che era stato presidente degli Stati Uniti e anche un attore) e nel test di riconoscimento sceglieva il nome corretto 53 volte su 60. Nel test «eventi famosi» P.S. rispondeva correttamente nel 75% degli eventi veri e riconosceva come veri il 33% degli eventi falsi, commettendo quindi degli errori. La sua prestazione complessiva era quindi decisamente al di sotto della media (come si è detto, nelle persone normali la percentuale dei riconoscimenti corretti è vicina al 100%). Mentre la memoria episodica, in particolare quella autobiografica, di P.S. appariva in ogni aspetto del tutto deficitaria, quella semantica appariva solo parzialmente preservata. Riconosceva infatti i volti famosi e riusciva anche a datarli correttamente, mentre il riconoscimento degli eventi famosi era molto scarso, e inoltre non era in grado di stabilire tra essi una corretta sequenza temporale.

Lo studio dei pazienti amnesici si è rivelato molto importante per la comprensione dei processi di memoria. Non soltanto mette bene in evidenza la distinzione tra memoria a breve termine e memoria a lungo termine (nei pazienti amnesici la prima è risparmiata mentre la seconda è deficitaria), ma diviene anche visibile la distinzione tra i diversi sistemi nella memoria a lungo termine. Sia in P.S. che in S.S. la memoria autobiografica è danneggiata in modo impressionante: sono in gran parte privati del loro passato. Per contro, i ricordi di eventi pubblici sono conservati in modo parziale in P.S. e in modo discontinuo in S.S. Il diverso danno nella memoria semantica e in quella episodica conferma sul piano sperimentale la distinzione tra questi due sistemi. Un'altra importante distinzione che viene convalidata dallo studio dei pazienti amnesici è quella tra memoria implicita e memoria esplicita.

Confabulazione: i falsi ricordi

Frequentemente nei pazienti amnesici è presente la confabulazione che consiste nel «ricordo» di eventi o completamente falsi, implausibili e bizzarri o realmente accaduti, ma riportati in modo distorto per quanto riguarda la loro collocazione nello spazio e nel tempo. Si distingue tra *confabulazione spontanea* – quando i ricordi falsi e persistenti emergono in modo del tutto autonomo – e *confabulazione provocata* – quando i ricordi distorti emergono in risposta a domande specifiche. La confabulazione spontanea sembra essere associata a una disfunzione dei lobi frontali.

È interessante il caso di M.B., un paziente di 75 anni ex direttore di una compagnia aerea, il cui disturbo della memoria era caratterizzato da confabulazione. L'esame neuropsicologico di M.B. indicava una intelligenza normale (il suo Q.I. era di 97,5) unito a una buona prestazione nella prova di memoria semantica e di linguaggio parlato e scritto. Al contrario, in alcune prove del test di memoria di Wechsler la sua prestazione risultava deficitaria. In particolare nella prova di memoria logica, che consiste nella rievocazione di una storia qualche tempo dopo averla letta, il suo punteggio era zero: infatti non ne ricordava alcun dettaglio. Ricoverato in un ospedale francese, affermava di trovarsi a Bologna, nell'ufficio di un medico italiano, rivelando così il suo disorientamento nel tempo e nello spazio. La sua confabulazione spontanea riguardava eventi personali del tutto plausibili ma completamente falsi. Durante il ricovero in ospedale, la moglie di M.B. morì. A volte egli ne era consapevole, a volte invece affermava di avere visto la moglie il giorno prima in occasione di una visita da lui fatta insieme alla madre anch'essa morta.

Come abbiamo visto, in M.B. le confabulazioni riguardavano principalmente ricordi episodici personali, il suo orientamento nello spazio e nel tempo e, in misura minore, la sua personale memoria semantica. Rispondeva correttamente a domande relative alla sua età, indirizzo di casa, numero di figli ecc. È stato osservato che la qualità delle informazioni disponibili influisce sul contenuto della confabulazione. Quando la memoria semantica non è stata danneggiata, il contenuto della confabulazione è semanticamente appropriato, come nel caso di M.B. Quando il danno riguarda invece la memoria semantica, come nel caso di altri pazienti, il contenuto della confabulazione può divenire bizzarro e anomalo. A quale disfunzione della memoria è attribuibile la confabulazione?

Secondo alcuni studiosi, la confabulazione può essere attribuita a un difetto nel processo di valutazione della realtà. Questo processo consente di decidere, sulla base delle caratteristiche qualitative del ricordo – ad esempio quantità dei dettagli percettivi che lo accompagnano – se un evento è realmente accaduto o è stato soltanto pensato. Nei pazienti amnesici, le informazioni presenti in memoria sono degradate e questo rende più difficile la distinzione tra eventi accaduti ed eventi soltanto pensati. Notiamo che nella vita di tutti i giorni è essenziale che la valutazione della realtà funzioni in modo corretto; è tuttavia normale che talvolta ci assalga il dubbio se una certa azione l'abbiamo realmente compiuta o se invece ci siamo limitati a pensare che dovevamo compierla. A chi non è mai capitato di dovere ritornare indietro, per controllare se prima di uscire da casa ha effettivamente chiuso il rubinetto del gas?

Amnesia psicogenica: amnesia dissociativa, fuga, rimozione

Passiamo ora a descrivere alcuni aspetti delle amnesie psicogeniche alla cui origine si trova un evento particolarmente drammatico e disturbante sul piano emotivo. Si distinguono diversi tipi di amnesia psicogenica a seconda del meccanismo – dissociazione o rimozione – che si ipotizza sia responsabile del mancato o incompleto ricordo dell'evento traumatico, oppure del grado di disturbo dell'identità personale.

L'amnesia dissociativa consiste nell'incapacità di ricordare eventi specifici, mentre nella fuga dissociativa si registrano, oltre a vuoti di memoria relativi a un ben determinato periodo di tempo, anche una perdita dell'identità personale e, in alcuni casi, l'adozione di una nuova personalità. La memoria di specifici eventi particolarmente stressanti, come lutti, crimini, esperienze di guerra, abusi sessuali può venire temporaneamente persa ed eventualmente recuperata in situazioni particolari. Molti sono i resoconti di casi in cui viene descritto il recupero di ricordi, avvenuto in modo spontaneo o in concomitanza con qualche evento che agisce da suggerimento al recupero, durante un trattamento psicoterapeutico.

Un caso recente, molto famoso per le sue conseguenze legali, di amnesia dissociativa o, secondo una terminologia più moderna, di memoria rimossa, è quello di Eileen, che a distanza di più di 20 anni, in un pomeriggio del gennaio 1989, ha iniziato a ricordare un fatto traumatico avvenuto quando era bambina: aveva assistito alla violenza sessuale e all'assassinio, perpetrato da suo padre, dell'amichetta Susie di otto anni. I ricordi di Eileen non furono recuperati tutti insieme, ma poco per volta: erano dettagliati e riportati con sicurezza. Le credettero non solo il terapista, ma anche diversi membri della famiglia e un avvocato che decise di perseguire legalmente il padre di Eileen. Anche la giuria credette a Eileen e, nel novembre 1999, condannò il padre per omicidio di primo grado, dopo un solo giorno di riunione.

Un tipico esempio di fuga dissociativa riguarda il caso di un giovane di 22 anni (P.N.) trovato mentre vagava per Toronto. Fermato dalla polizia senza documenti, non fu in grado di dare nessuna informazione utile sulla sua persona e venne ricoverato in un ospedale. In seguito alla pubblicazione della sua fotografia su di un giornale fu identificato da una cugina, che raccontò della morte, avvenuta poco tempo prima, del nonno amatissimo di P.N., che invece non ricordava nulla né della morte né del funerale del nonno. Il giorno dopo, mentre assisteva alla trasmissione di un serial televisivo durante il quale si svolgeva la scena di un funerale, P.N. iniziò a ricordare e l'amnesia scomparve nel giro di qualche giorno. P.N. riuscì a recuperare ricordi e identità, ma perse la memoria degli eventi accaduti durante lo stato di fuga, come se questi fossero accaduti a un'altra persona.

Le amnesie dissociative hanno un carattere transitorio così come sono transitorie alcune delle amnesie organiche. Entrambe comportano dei deficit della memoria episodica, tuttavia tra le due vi sono importanti differenze: i disturbi psicogenici della memoria riguardano esclusivamente la memoria retrograda, mentre i disturbi organici coinvolgono anche la memoria anterograda. Inoltre nei disturbi organici, benché pronunciati, non si verifica quasi mai la perdita dell'identità personale. Infine, mentre i farmaci o l'ipnosi possono ridurre le amnesie psicogeniche, essi non hanno un effetto simile sui disturbi organici.

Spiegazioni delle amnesie psicogeniche

Non essendo rilevabile una causa organica alla quale imputare la perdita di memoria, molti studiosi pensano che questa sia dovuta a un ipotetico meccanismo psicologico denominato rimozione. Per questo motivo si usa frequentemente il termine di *memoria rimossa.*

Il concetto di *rimozione* è centrale nella teoria psicoanalitica e si riferisce al fatto che idee o ricordi sconvolgenti non abbiano una rappresentazione cosciente. Secondo questo concetto, le esperienze traumatiche verrebbero immagazzinate in memoria intatte ma, a causa dell'intollerabile emozione a esse associata, non viene loro consentito di accedere alla consapevolezza. Il meccanismo della rimozione bloccherebbe i processi di recupero, peraltro normali, producendo un'amnesia per i dettagli e, nei casi estremi, per l'evento stesso. La rimozione viene spesso invocata per spiegare la perdita di memoria relativa ad abusi sessuali subiti durante l'infanzia. I ricordi rimossi possono venire recuperati, spontaneamente o in particolari circostanze. Ma sono reali? Corrispondono a eventi realmente accaduti? È in corso da qualche anno un acceso dibattito sulla «realtà» della memoria rimossa. Gli aspetti di questo dibattito sono così variegati e interessanti da meritare di venire trattati in un capitolo a parte.

9. *Memoria rimossa e memoria recuperata*

A partire dal 1980, sia in alcuni ambienti scientifici sia nel mondo dei media, si è fatta strada la convinzione che l'abuso sessuale subito durante l'infanzia venga bandito dalla coscienza mediante un processo di filtro attivo denominato rimozione o dissociazione e che, spontaneamente o con l'aiuto di un terapista, la memoria dell'abuso subito possa venire recuperata. Tecniche diverse sono state usate per aiutare i pazienti a recuperare la memoria: tra queste, domande dirette, ipnosi, associazioni libere, interpretazione dei sogni, tecniche di regressione.

Sul tema della memoria rimossa e poi recuperata si scatenò un acceso dibattito nel quale erano le posizioni estreme a occupare la scena. Da una parte vi erano gli psicoterapeuti, convinti non solo della validità scientifica del concetto di rimozione, ma anche del fatto che sono soprattutto i ricordi di abuso subito durante l'infanzia a essere rimossi, oltre che, naturalmente, della bontà di alcune tecniche per recuperarli; dall'altra vi erano coloro che non credevano alla validità del concetto di rimozione, oppure che tale meccanismo possa essere invocato nel caso in cui la vittima non ricordi il fatto. La controversia sull'idea di memoria rimossa e poi recuperata si estese dall'ambito scientifico a quello dei tribunali, dove si confrontano le due parti: chi sostiene di avere recuperato il ricordo dell'abuso sessuale infantile e chi nega di averlo commesso.

L'interesse del dibattito deriva precisamente dal suo duplice aspetto psicologico e legale. Nel contesto psicologico si è studiato come avviene la rimozione dei ricordi: cioè quanto questo fenomeno sia frequente, le caratteristiche e l'autenticità dei ricordi; nel contesto legale si è accettato come valido il ricordo rimosso e recuperato come motivo per intentare causa e come una prova di colpevolezza.

La realtà della memoria rimossa

Frequenza. Benché si sia affermato che «la totale rimozione dei ricordi dell'abuso sessuale subito è molto frequente», gli studi intesi a valutare la frequenza dei ricordi rimossi non sono molti e alcuni sono criticabili da un punto di vista metodologico. In uno studio recente sono state raccolte le risposte a un questionario sottoposto a 450 adulti che avevano riportato storie di abuso sessuale infantile. Alla domanda: «Durante il periodo intercorso tra la prima forzata esperienza sessuale e il compimento dei 18 anni, si è verificata un'occasione nella quale non eravate in grado di ricordare quell'esperienza?». Il 59% delle persone interrogate, quasi tutte donne, risposero in modo affermativo. Tuttavia, data la formulazione della domanda, la risposta «sì» può avere significati diversi: potrebbe ad esempio voler dire «sì, ci sono state delle volte, nelle quali non ricordavo l'abuso subito perché preferivo non pensarci» oppure «l'esperienza è stata così spiacevole che preferivo non ricordarla».

Nel capitolo 5, dedicato all'accuratezza del ricordo, abbiamo visto come variazioni anche minime nella formulazione della domanda producano differenze nelle risposte. Ritenere dunque che il 59% delle persone che hanno subito violenza sessuale abbiano, almeno in qualche occasione, rimosso il ricordo pecca di sopravvalutazione. Altre ricerche hanno fornito stime molto diverse, tra cui la più bassa è del 18%. L'ampio intervallo dei valori dimostra che il fenomeno in questione necessita di studi più approfonditi. Il problema è quello di trovare una metodologia soddisfacente, diversa da quella basata sulla singolare richiesta, rivolta a una persona, di ricordare se e come ha dimenticato.

È inoltre poco probabile che persone vittime di un abuso sessuale particolarmente traumatico lo dimentichino. Le vittime di traumi documentati, quali incendi, disastri aerei, incidenti automobilistici, cicloni e inondazioni, possono riportare sensazioni di irrealtà, improvvisi flashback, ricordi frammentari, ma molto raramente manifestano una totale amnesia per l'evento.

Uno studioso, che pur crede nella rimozione e nella possibilità di recuperare il ricordo di un abuso sessuale, ha condotto uno studio su diversi bambini, vittime di traumi accertati, non trovando nessun bambino di età superiore ai tre o quattro anni, cioè successiva al periodo caratterizzato da amnesia infantile, che non avesse ricordi del trauma.

Una delle ipotesi sottostanti il concetto di memoria rimossa è che il ricordo di un trauma psicologico sia diverso dagli altri tipi di ricordi. Secondo alcuni studiosi i ricordi traumatici vengono acquisiti in uno stato di coscienza alterato e verrebbero immagazzinati in memoria in modo diverso da quelli non traumatici. Sono stati anche sviluppati complicati modelli biologici in relazione alle modificazioni associate al trauma e alla loro influenza sulla memoria. Tali modelli tuttavia non richiedono il concetto di rimozione.

Contenuti e tempi. Altri studi hanno indagato sui contenuti dei ricordi rimossi trovando che essi si riferiscono a eventi molto diversi tra loro, diversamente collocati nel tempo e più o meno dettagliati. Possono essere ricordi di eventi di stupro, di rituali perversi, di accarezzamenti, a volte vividi a volte vaghi, successi nel primo anno di vita, nella prima infanzia, nell'infanzia o nell'adolescenza. Una giovane donna, diplomata e impiegata presso una società, nella causa intentata a suo padre nel 1991, affermò di essere stata da lui abusata sessualmente da quando aveva sei mesi fino ai diciotto anni e di averne rimosso il ricordo fino all'età di 26 anni, quando riemerse nel corso di una psicoterapia.

In questo caso, come in altri, i ricordi si riferiscono a eventi che si sono verificati prima del compimento di un anno di età. È possibile avere ricordi relativi al primo anno di vita? La veridicità dei ricordi precoci va confrontata con le attuali conoscenze sul noto fenomeno dell'amnesia infantile. Freud fu il primo a osservare una particolare forma di amnesia per eventi successi durante l'infanzia, che egli riteneva si estendesse fino a sei-otto anni. Recenti ricerche, nelle quali si chiedeva ai partecipanti di descrivere i loro primi ricordi, specificando l'età in cui gli eventi erano accaduti, hanno indicato che, in media, i primi ricordi si collocano tra i tre e i quattro anni. Pochi adulti riportano eventi accaduti prima dei 30 mesi e molto raramente sono riportati eventi accaduti prima dei 24 mesi. Le donne tendono a evocare più degli uomini eventi accaduti in tenera età. Uno studio molto recente riporta che alcune persone hanno ricordi di un ricovero in ospedale oppure della nascita di un fratellino avvenuti all'età di due anni. Il metodo usato nella ricerca, tuttavia, non elimina completamente la possibilità che non si tratti di autentici ricordi autobiografici, ma piuttosto di fatti raccontati da altri. Anche se, rispetto a quanto credeva Freud, si è visto che l'età alla quale si possono avere ricordi attendibili è più bassa, rimangono tuttavia estremamente rari i casi in cui i ricordi risalgono a un'età inferiore ai due-tre anni.

Autenticità. Anche in relazione a questo argomento vi sono due posizioni estreme: quelli che ritengono veri tutti i ricordi rimossi e quelli che li ritengono tutti falsi. Senza dubbio la presenza di conferma esterna può contribuire, al di là delle posizioni di principio, a valutare l'autenticità dei ricordi rimossi.

È molto raro trovare nella letteratura scientifica casi in cui l'autenticità del ricordo rimosso e successivamente recuperato venga confermata da altre persone, e anche in queste circostanze la qualità della conferma deve essere valutata con cautela. Le persone accusate di abuso sessuale tendono a negarlo, ma il loro diniego non è certo sufficiente a mettere in dubbio l'autenticità dei ricordi della vittima. Anche nel caso che un ricordo risulti falso, non si può affermare che la persona abbia deliberatamente mentito. Il falso ricordo può essere dovuto alla lettura di libri, alla visione di film o a racconti di altri. In questo caso, l'evento «recuperato» non è autobiografico, ma appartiene a qualcun altro. Oppure il falso ricordo può essere creato da informazioni nuove che vengono incorporate nella memoria e alterano i ricordi. A partire dal 1970 ci sono stati molti studi, alcuni dei quali sono stati riportati nel capitolo 5, che hanno dimostrato come informazioni deliberatamente fuorvianti, fornite dopo un evento, possono modificarne il ricordo.

Numerosi terapisti sono convinti che riportare alla consapevolezza un passato traumatico sia terapeutico; inoltre, come tutti i ricercatori, hanno la tendenza a cercare prove a favore piuttosto che contrarie alle loro intuizioni. È possibile che, in buona fede, alcuni terapisti invece di scoprire nei loro pazienti memorie nascoste, suggeriscano loro memorie illusorie.

Conseguenze in ambito legale

La regola della scoperta ritardata. In alcuni paesi, tra cui molti dei singoli stati degli Stati Uniti, il Canada e la Gran Bretagna, la nozione di memoria rimossa, cioè il riconoscimento che il ricordo di un evento realmente accaduto possa essere temporaneamente soppresso ed emergere a distanza di tempo, è entrata a far parte della legislazione. A partire dal 1990, il limite temporale entro il quale è possibile intentare una causa è conteggiato non dal momento in cui è accaduto l'evento, ma da quello in cui il querelante ha scoperto i fatti che gli consentono di fare causa. In particolare per quanto riguarda l'abuso sessuale, il querelante può intentare causa entro tre anni da quando «ha ricordato» il fatto. In precedenza la scoperta ritardata di un evento era stata accettata in campo legislativo soltanto in casi di «mala sanità»: ad esempio un paziente che, anche a 20 anni di distanza dall'intervento chirurgico, avesse scoperto tramite un esame radiologico che i dolori di cui soffriva erano causati da uno strumento dimenticato nel suo addome, poteva intentare causa La stessa cosa è possibile oggi sulla base della scoperta di un ricordo rimosso.

La regola della validità scientifica. Negli Stati Uniti è stata stabilita una norma che riguarda l'ammissibilità del «testimone esperto» nel corso di un processo. Secondo questa norma, il giudice è tenuto a valutare la «validità scientifica» della teoria sottostante il parere dell'esperto. La norma così dice:

nel caso in cui venga avanzata la proposta di far deporre un esperto scientifico, il giudice deve stabilire se l'esperto si propone di testimoniare in base a una conoscenza scientifica in grado di aiutare «chi deve appurare i fatti» a comprendere o a stabilire l'esistenza del fatto in questione. Ciò comporta una preliminare valutazione se la teoria e la metodologia alla base della deposizione siano scientificamente valide e se tali teorie e metodologie possano essere applicate al caso in questione...

Si tratta di un principio molto nuovo e direi piuttosto curioso, in quanto consentendo al giudice di esprimere un parere su teorie e procedure di ricerca che sono estranee al suo campo di conoscenza, si coinvolgono nel dibattito scientifico persone non esperte della materia. È un principio che può avere conseguenze non irrilevanti per la ricerca psicologica. Una teoria o una procedura ammessa dal giudice vedrebbe aumentare il proprio prestigio, una teoria rifiutata dal giudice potrebbe perderlo.

Abbiamo brevemente illustrato una storia piuttosto insolita: quella di un concetto psicologico riguardante la memoria, che segue due strade parallele: quella del mondo scientifico e quella dei tribunali. Dal problema della «memoria rimossa e successivamente recuperata» passiamo ora a considerare una situazione per certi versi opposta: quella in cui i ricordi vengono costruiti con cura e si dimostrano persistenti e facilmente accessibili. Mi riferisco alle mnemotecniche e ai casi di memoria eccezionale.

10. *È possibile migliorare la nostra memoria? Mnemotecniche e memoria eccezionale*

Attraverso l'uso di particolari tecniche e di molto esercizio è possibile acquisire specifiche abilità di memoria che sembrano eccezionali, in quanto estremamente superiori alla media. È stato riportato il caso di S.F., uno studente dotato di memoria e intelligenza medie, con uno span di 7 cifre (e quindi del tutto nella norma), che dopo 250 ore di pratica effettuata nell'arco di 20 mesi era riuscito a portare il suo span fino a 80. Era in grado di riportare correttamente 80 cifre – composte da numeri che andavano da 1 a 9 – dopo che queste gli erano state presentate una alla volta al ritmo di una al secondo. Come era riuscito a raggiungere una prestazione così al di sopra della media? Utilizzando una mnemotecnica basata sulla codifica, che consisteva nel trasformare la sequenza di 80 cifre in gruppi di cifre che per S.F. avevano un particolare significato. Ad esempio le cifre 4, 1, 1 venivano raggruppate insieme e al numero 411 veniva attribuito il significato di un tempo – 4 minuti e 11 secondi –, che per S.F., appassionato corridore, rappresentava il tempo necessario per percorrere un miglio a un'andatura piuttosto lenta. Analogamente la sequenza 1, 9, 3, 9 veniva immagazzinata in memoria come data di inizio della seconda guerra mondiale e ancora le cifre 5, 7, 8 come l'età della zia, 57 anni e 8 mesi.

Attraverso una forma di codifica del tutto personale, la sequenza di cifre tra loro scollegate diventava una sequenza di unità con un significato, del tipo «data, età, tempo, età, tempo, data, tempo», che veniva immagazzinata in memoria e successivamente recuperata e decodificata. La trasformazione consentiva di passare dalle 80 unità di singole cifre a un numero sensibilmente minore di unità più ampie, rimanendo nell'ambito di un normale span di memoria. Naturalmente operazioni mentali di questo tipo, per poter essere efficaci, devono essere veloci: non dimentichiamo che nel caso di S.F. veniva presentata una cifra al secondo. Una volta identificate le forme di codifica più efficaci, è soltanto con la pratica che si arriva a metterle rapidamente in atto.

La maggior parte delle persone non è generalmente in grado di sviluppare una sua tecnica personale per il ricordo di cifre (ammesso che sia interessata a farlo), ma ricorre piuttosto a delle mnemotecniche. Queste si dividono in due categorie: *mnemotecniche basate sulla codifica*, che insegnano a trasformare le informazioni in entrata in modo da facilitarne il successivo recupero (vedi esempio precedente), e *mnemotecniche basate sull'organizzazione*, che forniscono uno schema cognitivo, nel quale inserire le informazioni da apprendere, come, ad esempio, il metodo dei loci.

Mnemotecniche basate sulla codifica

Una mnemotecnica tradizionale basata sulla codifica è quella chiamata *cifra-consonante* che consente di trasformare sequenze di cifre in parole, a loro volta facilmente traducibili in immagini visive. Vediamo come funziona. A ogni cifra da 0 a 9 viene associato un suono consonantico con l'ausilio di un aiuto mnemonico. Alcuni esempi di associazione cifra-consonante sono riportati nella tabella 5.

Le cifre, opportunamente raggruppate in numeri, vengono trasformate in parole aggiungendo ai corrispondenti suoni consonantici delle vocali, che non hanno valore numerico. Al numero 32 viene associata ad esempio la parola «*mina*», a 100

TAB. 5. *Esempi della mnemotecnica cifra-consonante*

Cifra	Suono consonantico	Aiuto mnemonico
0	*Z*	*Z* è il primo suono in zero
1	*T*	*T* ha un tratto verticale
2	*N*	*N* ha due tratti verticali
3	*M*	*M* ha 3 tratti verticali
.	.	.
.	.	.
.	.	.
9	*P*	Il 9 e la *P* sono immagini speculari

«tazza», a 321 «minuto». Questa tecnica, oltre a essere utile per imparare sequenze di cifre, può essere utile per imparare date storiche. Ad esempio, Hitler divenne Cancelliere della Germania nel 1933: il numero 19-33 può essere tradotto nelle due parole «topo», che corrisponde a 19, e «mummia», che corrisponde a 33. Il passo successivo è di formare una immagine mentale, utile per ricordare il fatto, associata a un «topo dentro a una mummia»! Il fatto che parole associate ai numeri possano essere facilmente traducibili in immagini permette di utilizzare altre mnemotecniche per ricordare la sequenza di parole e dei corrispondenti numeri.

Mnemotecniche basate sulla organizzazione

Tra le mnemotecniche basate sull'organizzazione, una molto usata è quella delle *parole-chiave*. Questa mnemotecnica, analogamente a quella molto nota dei loci, fornisce una struttura organizzata nella quale inserire le informazioni da memorizzare. In questa mnemotecnica la struttura organizzata è costituita da una sequenza di parole-chiave che deve essere appresa in precedenza.

Le parole-chiave sono parole che fanno rima con i numeri. In italiano vengono generalmente utilizzate le seguenti: uno-*pruno*, due-*bue*; tre-*re*, quattro-*gatto*; cinque-*pingue*; sei-*nei*; sette-*vette*; otto-*dotto;* nove-*piove*; dieci-*ceci*..., che godono dello stesso ordine sequenziale dei numeri ai quali sono associate. Così come uno viene prima di due, *pruno* viene prima di *bue*. Le parole-chiave rappresentano oggetti concreti e vengono codificate in memoria sotto forma di immagini. Se dobbiamo memorizzare una sequenza di parole, o di concetti, lo si può fare facilmente «attaccando» una o più parole alle parole-chiave, sotto forma di immagini possibilmente interattive. Per ricordare la sequenza di parole, basterà utilizzare le parole-chiave come suggerimento per recuperare le informazioni a esse «attaccate».

Analogamente, nella mnemotecnica dei *loci* la struttura organizzata è fornita da un percorso mentale da seguire secondo una sequenza prefissata di luoghi. La scelta del percorso è individuale e così i luoghi che devono venire prememorizzati sotto forma di immagini mentali. Supponiamo, ad esempio, che si debba memorizzare un testo. Questo deve essere prima ridotto a una sequenza di parole cruciali che ne rappresentino il contenuto. Ciascuna parola deve venire poi associata al luogo corrispondente, la prima parola al primo luogo, la seconda al secondo luogo, utilizzando la mediazione delle immagini mentali. I contenuti del testo vengono recuperati percorrendo mentalmente il percorso e ripescando in ogni luogo la parola cruciale del testo lì depositata. Dalla parola cruciale si passa alla parte del testo che questa riassume.

Loci e parole-chiave sono utili quando la sequenza temporale dei concetti è essenziale per una corretta comprensione o comunicazione dell'informazione. Alla base di entrambe queste tecniche vi è la prememorizzazione di una sequenza di immagini, associata ai luoghi di un percorso fisso o a una determinata sequenza di parole.

Uno studio sull'efficacia delle mnemotecniche

Vedremo ora come mnemotecniche diverse possano venire abbinate per migliorare le prestazioni di memoria. In uno studio molto recente, la mnemotecnica cifra-consonante – che consente di codificare gruppi di numeri come parole – è stata associata a quella delle parole chiave. Lo scopo era quello di portare un gruppo di studenti, dopo un breve periodo di pratica svolto in classe, a migliorare il ricordo di sequenze di cifre in modo da replicare addirittura la prestazione di S., un caso di memoria eccezionale studiato da Lurija che verrà descritto nelle prossime pagine. S. era in grado di ricordare una matrice di 50 cifre dopo averla studiata per un po' meno di tre minuti. Gli studenti erano in tutto 30 e seguivano un corso universitario sulle tecniche di memorizzazione. Il tempo complessivo dedicato alla spiegazione e alla pratica della mnemotecnica cifra-consonante era stato di sei ore. Agli studenti venne inoltre data una lista di 100 parole-chiave rappresentanti i numeri da 0 a 99. Il procedimento da usare per la memorizzazione della matrice di 50 numeri, formata da 12 righe con 4 cifre e una riga con due cifre, era il seguente. A ogni gruppo di due cifre veniva associata la parola corrispondente. Per ricordare la sequenza delle risultanti 25 parole si doveva utilizzare la mnemotecnica delle parole-chiave con una parola-chiave per ogni riga. Ad esempio, se la prima riga della matrice conteneva le cifre 3 2 1 9, la sua codifica era: pruno (parola-chiave della prima riga), mina (32), topo (19). Codificate le 13 righe della matrice secondo questa modalità, il recupero delle cifre avveniva «rivisitando» nella mente le immagini associate alle parole-chiave e decodificandole nei numeri corrispondenti. Il tempo disponibile per lo studio della matrice era di 3 minuti.

I risultati del gruppo di studenti addestrati sono riportati nella tabella 6 insieme a quelli di un gruppo di controllo formato da studenti che non utilizzavano delle mnemotecniche. Nella tabella sono riportate per ogni gruppo le percentuali degli

TAB. 6. *Percentuale di studenti che ricorda correttamente quantità diverse di cifre, dopo avere studiato la matrice di 50 cifre per tre minuti*

Gruppo	Quantità di cifre								
	10-14	15-19	20-24	25-29	30-34	35-39	40-44	45-49	50
Controllo	10,0	6,7	23,3	46,7	13,3	–	–	–	–
Addestrati	–	–	2,7	2,7	2,7	13,5	–	35,1	43,2

studenti che hanno correttamente ricordato le diverse quantità di cifre indicate nelle diverse colonne.

La lettura della tabella ci fornisce informazioni interessanti. Innanzi tutto, ci dice che anche un addestramento limitato può essere efficace. Infatti, mentre il 78,3% degli studenti addestrati ricorda tra le 45 e le 50 cifre, nessuno degli studenti del gruppo di controllo ottiene un simile risultato. Esistono inoltre forti differenze individuali in entrambi i gruppi. Una certa percentuale di studenti è refrattaria all'addestramento: è quel 2,7% che ricorda tra le 20 e le 24 cifre. Nel gruppo di controllo ci sono studenti che anche dopo 3 minuti di studio ricordano una quantità di cifre appena sopra span e altri che, senza alcun addestramento, ne ricordano tra le 30 e le 34.

L'interesse di questo risultato sta nell'avere mostrato che anche dopo un periodo di addestramento relativamente breve il 43,2% degli studenti riesce a replicare la prestazione di S., almeno per quanto riguarda il ricordo immediato di una matrice di numeri.

Casi di memoria eccezionale

Come si è visto, si possono apprendere strategie e mnemotecniche che ci permettono di migliorare la nostra memoria. Ma esse sono sufficienti per spiegare le eccezionali capacità di memoria di alcuni individui, oppure dobbiamo pensare che la struttura del sistema della memoria in alcuni individui sia diversa da quella delle persone comuni?

Persone con memoria eccezionale sono sempre esistite. Il libro di Francis Yates, *L'arte della memoria*, descrive numerosi casi verificatisi nel passato: Seneca il vecchio era in grado di ripetere duemila nomi nello stesso ordine in cui erano stati pronunciati, Tommaso d'Aquino ricordava per sempre qualsiasi cosa avesse letto. In tempi più recenti sono stati documentati e studiati molti casi, consentendo di raggiungere alcune conclusioni.

Shereshevskij. Il caso più noto è quello di Shereshevskij (S.), che il neuropsicologo russo Lurija studiò per 30 anni, e descrisse nei libri *Una memoria prodigiosa* e *Viaggio nella mente di un uomo che non dimenticava nulla.* Shereshevskij, che lavorava come reporter in un giornale russo, aveva colpito l'attenzione del suo editore perché nelle riunioni che questi teneva ogni mattina, al contrario degli altri giornalisti, non prendeva appunti ed era perfettamente in grado di ricordare tutte le cose dette. Lurija, su suggerimento dell'editore, esaminò per lungo tempo la memoria di S. Testò sia la sua capacità di studiare e ricordare immediatamente grandi quantità di informazioni di tipo diverso, sia le sue strategie di memorizzazione, sia infine la sua capacità di ricordare quanto appreso a distanza di anni. L'indagine su tutti e tre questi aspetti rivelò caratteristiche del tutto insolite e particolarmente interessanti per la conoscenza del sistema della memoria.

S. era in grado di memorizzare una matrice di 50 cifre in 3 minuti e di ricordarla a distanza di anni. Secondo Lurija, S. riusciva a ricordare la matrice perché se ne formava una immagine visiva, che semplicemente «rileggeva» al momento del ricordo. Non avrebbe dunque usato deliberatamente una strategia, ma sarebbe stato invece naturalmente dotato di una particolare capacità di formare e mantenere in memoria immagini visive. Lurija racconta che, in generale, S. era in grado riportare le cifre sia dal principio alla fine che dalla fine al principio, sia per colonne che per righe. Tuttavia, S. ci metteva più tempo a ricordare le colonne rispetto alle righe e a ricordarle all'indietro piuttosto che in avanti. Questo poneva in dubbio il fatto che il suo ricordo si basasse esclusivamente sulla «lettura» di una immagine visiva fedele. La «lettura» di cifre non avrebbe dovuto infatti comportare una differenza rilevante tra la «lettura» per colonne e quella per «righe» e tra la lettura in avanti o all'indietro.

Come abbiamo visto dall'esperimento sopra riportato, l'eccezionalità della memoria di S. non stava tanto nel fatto che riuscisse a memorizzare la matrice in 3 minuti, ma piuttosto che la ricordasse a distanza di mesi e anni! S. era in grado di ricordare a distanza di tempo le prove cui Lurija l'aveva sottoposto, ad esempio serie di parole e di cifre, ma anche altre informazioni apprese incidentalmente nel corso del test. Il problema di S. non era tanto quello di ricordare, ma di dimenticare!

In che modo S. riusciva ad avere prestazioni così superiori alla media? Una caratteristica della sua memoria era l'uso delle immagini visive. Codificava le parole sotto forma di immagini mentali che si formavano spontaneamente. Nel loro primo incontro chiese a Lurija di leggere lentamente le parole di una lista da ricordare, una ogni tre o quattro secondi, perché altrimenti le immagini a esse associate si mescolavano tra loro. Per legare tra loro le immagini mentali S. si avvaleva di una tecnica associativa, creando storie a volte anche bizzarre. È stata più volte raccontata la storia immaginata da S. per ricordare la seguente formula matematica che per lui non aveva alcun significato:

$$N \cdot \sqrt{d^2 \cdot X \frac{85}{vx}} \cdot \sqrt[3]{\frac{276^2 \cdot 86x}{n^2b \cdot v264}} \cdot SV \frac{1.624}{32^2} \cdot S^2$$

«Neiman (N) uscì e batté per terra con la punta del bastone

(.)». Il punto che precede la radice quadrata era stato visualizzato come l'impronta lasciata da un bastone che colpisce il terreno. «Guardò in alto verso un alto albero la cui forma assomigliava a quella di una ($\sqrt{}$) e pensò tra sé e sé: "Non c'è da stupirsi che l'albero abbia iniziato a rinsecchirsi e a scoprire le sue radici, dopo tutto già c'era quando ho incominciato a costruire le due case (*doma*, d^2)"». La storia continua, con molti personaggi, la moglie, uno sconosciuto (X) con un mantello nero, una studentessa, una lavagna sulla quale è scritto 264, l'amico Solomon Venjaminovic (SV). S. mise sette minuti a studiare la formula e la riportò esattamente a 15 anni di distanza quando, in modo del tutto inaspettato, Lurija gli chiese di ricordarla. Tuttavia, mentre questa sua inesauribile capacità di formare immagini mentali lo avvantaggiava quando doveva ricordare informazioni senza significato (come nel caso della formula), lo danneggiava invece quando doveva ricordare una storia. In questo secondo caso, infatti, S. si confondeva perché, a causa delle diverse immagini associate a ogni parola e delle ricche e ramificate associazioni che produceva, aveva difficoltà a concentrarsi sul significato della storia in sé.

Quando nel ricordo la sequenza era importante, S. si avvaleva del metodo dei loci, utilizzando la mappa mentale di Mosca, lungo le cui strade collocava gli oggetti da ricordare. A volte le sue vivide immagini mentali erano causa di errore, ad esempio non era riuscito a ricordare la parola «matita», perché la sua immagine si era confusa con lo steccato lungo il quale era stata riposta.

Un'altra e insolita caratteristica della sua memoria era l'esperienza di una forte sinestesia soprattutto di fronte ai suoni che, in lui, evocavano impressioni sensoriali di diverso tipo. Ai suoni associava dei colori e anche dei sapori. Un tono di 30 hertz gli evocava l'immagine di «una striscia della lunghezza di 10-15 cm di color argento vecchio. Gradatamente la striscia si restringe e sembra allontanarsi da lui per poi trasformarsi in un oggetto rilucente come acciaio». Invece, un suono di 50 Hz e 100 db evocava «una striscia marrone su fondo cupo, screziato di lingue rosse, col gusto di una zuppa agrodolce di cavoli» e tale sensazione gustativa invadeva tutta la lingua. Queste sensazioni associate ai suoni erano stabili nel tempo: gli stessi stimoli provocavano sempre le stesse sensazioni.

Secondo Lurija all'esperienza sinestesica corrispondevano molteplici rappresentazioni in memoria che consentivano a S. di differenziare tra loro informazioni che a un soggetto normale apparirebbero simili e di ricordarle più facilmente. L'esperienza sinestesica poteva però essere anche causa di interferenza. S. così raccontava la sua esperienza

... la prima cosa che mi colpisce è il colore della voce di una persona. Il colore poi scompare... Se una persona dice qualcosa io vedo la parola, ma se interviene la voce di un'altra persona allora appaiono delle macchie. Queste si insinuano tra le sillabe della parola e io non riesco più a capire che cosa è stato detto...

Studi recenti hanno dimostrato che l'esperienza sinestesica è accompagnata da attività cerebrale anomala, ad esempio l'ascolto di una parola provoca l'attivazione sia dei centri cerebrali uditivi che visivi.

Anche se, in alcune occasioni, S. adottava deliberatamente la strategia dei loci (che come abbiamo detto precedentemente è una strategia basata sulla codifica), le altre forme di codifica che utilizzava – immagini visive particolarmente vivide e rappresentazioni multisensoriali – erano del tutto spontanee, il che fa pensare che il sistema di memoria di S. fosse strutturalmente diverso da quello delle persone normali. Sin da piccolo inoltre si era distinto per le qualità particolari della sua memoria, manifestando abilità eccezionali non limitate a un unico tipo di materiale, ad esempio i numeri, ma in generale.

Rajan Mahandevan. Un altro caso interessante e molto ben documentato con caratteristiche diverse da S., è quello dello psicologo indiano Rajan Mahandevan (R.M.). La sua memoria eccezionale consisteva soprattutto nella sua capacità di apprendere lunghe serie di numeri. Riusciva a imparare in poco più di mezz'ora matrici 20 × 20 di cifre semplicemente concentrandosi su di esse senza fare ricorso né a immagini visive, né a particolari mnemotecniche.

Nella tabella 7 sono riportati i tempi, espressi in secondi, impiegati da R.M. e da un gruppo di soggetti di controllo per apprendere matrici di numeri di dimensioni diverse.

Come si nota, l'apprendimento di R.M. è molto più rapido di quello dei soggetti di controllo, in media di un fattore 6, e anche di quello di S. che impiegava tre minuti ad apprendere una matrice di 50 cifre. R.M. era in grado di ricordare esattamente 8 matrici su 12 matrici a distanza di sei mesi. Tuttavia, gli autori non escludono la possibilità che R.M. si aspettasse il test e che quindi avesse ripetuto le matrici. In una situazione in cui non c'era motivo di credere che R.M. si aspettasse un test di memoria a distanza di mesi riuscì a ricordare soltanto una matrice 5 × 5. Sembra dunque che la sua memoria a lungo termine non fosse strepitosa come quella di S.

R.M. aveva imparato a recitare 31.811 cifre decimali dopo la virgola del numero pi greco, un record che fu sorpassato in seguito dal giapponese Hideaki Tomoyori, che ne teneva a mente 40.000. Queste prestazioni erano il risultato del suo allenamento. Le prime 10.000 cifre che aveva appreso erano organizzate nel modo seguente: dieci blocchi di 10 righe ciascuno, separati tra di loro da una riga bianca, ogni riga conteneva 100 cifre raggruppate in gruppi da 10. Sembra che la tecnica da lui

TAB. 7. *Tempi di apprendimento, espressi in secondi, per matrici di cifre di dimensioni diverse, di R.M. e di un gruppo di soggetti di controllo*

	Dimensione della matrice					
	5 × 5	7 × 7	9 × 9	12 × 12	14 × 14	20 × 20
Controllo	167,5	602,7	1.117,8	–	–	–
R.M.	25	83,3	194,4	460,8	803,6	2.240

utilizzata nell'apprendimento fosse quella di formare delle unità senza alcun significato, di 10 cifre ciascuna che memorizzava. Era in grado non solo di ricordare la sequenza delle cifre, ma anche di identificare la posizione di gruppi di cifre all'interno della sequenza. La velocità con la quale identificava la posizione di determinati gruppi di cifre variava in relazione all'organizzazione data alle cifre durante la fase di apprendimento. Ad esempio il ricordo della collocazione di un gruppo di 5 cifre nella prima riga richiedeva meno tempo di quello nella terza riga.

Venne testato anche il suo span di memoria immediata che all'inizio, prima della pratica, era di 15 unità, una prestazione superiore a quella dei soggetti di controllo (7 più o meno 2), ma non così eccezionale. Successivamente, R.M. era in grado di ricordare 43 cifre, quando la modalità di presentazione era uditiva e 28 con la visiva, ma soltanto 13 lettere. Con la pratica arrivò a uno span di 60 cifre, se presentate visivamente. La strategia che R.M. utilizzava era quella di raggruppare le cifre non sulla base di un significato personale o derivato da una mnemotecnica, ma piuttosto in base alla posizione del gruppo nella lista. Era infatti in grado di dire la posizione di un gruppo di cifre in una lista appresa prima di quella che si stava testando e, a volte, confondeva tra loro gruppi di cifre che occupavano la stessa posizione nella lista. Era in grado inoltre di ricordare per lunghi periodi, anche di giorni, parti delle sequenze di cifre che erano state testate per la rievocazione immediata.

R.M. non faceva uso del significato neppure quando doveva apprendere delle parole. Le persone normali sono in grado di ricordare più parole quando queste fanno parte di una lista composta da parole appartenenti a categorie definite rispetto a quando la lista è composta da parole casuali, R.M. non traeva alcun vantaggio dalla categorizzazione delle parole. La sua prestazione per parole categorizzabili era pari a quella per parole casuali. Inoltre R.M. aveva una prestazione inferiore a quella del gruppo di controllo nel ricordo delle posizioni di oggetti e dell'orientamento di figure.

A differenza di S., la memoria eccezionale di R.M. era specifica e non dipendeva da tecniche esplicite. Fin da piccolo riusciva a ricordare un gran numero di targhe nell'ordine in cui le macchine erano parcheggiate. Tale capacità era basata prevalentemente su uno spiccato interesse per i numeri che innestandosi su sue particolari abilità l'aveva portato ad apprendere lunghe sequenze di cifre.

Il caso dei bambini autistici. Nel film *Rain Man* Dustin Hoffman interpretava la parte di un giovane autistico dotato di memoria eccezionale. Con un'unica occhiata riusciva a dire correttamente il numero di fiammiferi che erano stati gettati e sparsi per terra e usava la sua memoria per aiutare il fratello a vincere al casinò.

Il film racconta in modo romanzato una cosa vera e cioè che, talvolta, i bambini autistici manifestano insolite qualità di memoria per situazioni specifiche. È stata descritta la storia di Elly, una bambina che, malgrado avesse una scarsa capacità di linguaggio, era in grado di ripetere lunghi pezzi di conversazione su argomenti a lei non familiari che aveva ascoltato per caso. Riusciva a fare rapidamente moltiplicazioni di numeri di tre o quattro cifre e aveva una prestazione molto elevata (valore percentile = 95, il che significa che in un gruppo di controllo il 95% dei soggetti aveva una prestazione inferiore alla sua) nel test delle matrici di Raven, un test di intelligenza non verbale molto utilizzato con i bambini. Riusciva a ricordare perfettamente qualsiasi strada avesse percorso e la posizione di oggetti nella casa, ancora prima di conoscerne i nomi. La sua abilità nel riconoscere i percorsi era stata notata sin da quando aveva due anni.

Un altro caso è quello di P. che non era in grado di ricordare una storia (valore percentile della prestazione = 5) mentre era molto bravo a ricordare liste di coppie di parole (valore percentile = 84). Come Elly, ricordava molto bene strade ed eventi dall'età di due-tre anni. La sua specialità era la musica: all'età di sette anni era in grado di gareggiare con uno studente di musica in un gioco che richiedeva la ripetizione di sequenze musicali, superandolo nella prova.

Un altro caso riportato è quello di J.D. che mostrava di avere un'ottima memoria visiva. Era in grado di rimettere nella posizione corretta 10 oggetti su di una tavola, dopo averla osservata soltanto per due secondi. Ricordava tutte le strade che aveva percorso, era eccezionalmente bravo nel gioco noto come *memory*, basato sul ricordo della posizione delle carte. Riconoscimento di facce e abilità linguistiche erano invece molto scarse. In tutti e tre questi casi risulta inoltre che tali insolite abilità di memoria si erano manifestate sin dall'infanzia, e questo fatto suggerisce che si tratti di un talento innato.

Il campionato della memoria. Nel 1991 a Londra si tenne il primo campionato mondiale di memoria. La denominazione di campionato mondiale è molto pomposa; in realtà i sette partecipanti erano tutti inglesi. La gara, che avveniva alla presenza di circa una cinquantina di spettatori, consisteva nel ricordare i nomi delle persone che facevano parte del pubblico, la disposizione degli scacchi su di una scacchiera, un brano di un testo, una lista di sillabe senza senso e di parole e sequenze di carte da gioco estratte da un mazzo. Successivamente, i sette partecipanti alla gara e tre spettatori (altrettanto bravi dei «campioni» in quanto si trattava di un pubblico specializzato) vennero esaminati da due psicologi su una serie estesa di compiti. In questo gruppo, che era formato da dieci persone, era presente una sola donna, il più giovane aveva 13 anni e il più anziano 53, sette ritenevano che la loro buona memoria fosse un dono naturale, cinque dichiararono di utilizzare qualche tecnica particolare per memorizzare, sei di non esercitarsi regolarmente, sette di usare l'immaginazione visiva, otto di avere scoperto la loro dote sin da piccoli, sei di avere un parente con doti analoghe, cinque di usare questa loro abilità nel lavoro.

Le prove proposte dagli psicologi, sia ai dieci «campioni»

che a un gruppo di controllo, erano quelle di uso standard per la valutazione della memoria: ricordo sia immediato che ritardato – dopo una settimana – di storie, facce, parole, nomi propri, numeri del telefono, figure. I risultati alle prove proposte dagli psicologi furono i seguenti: nei compiti di memoria immediata quasi tutti i componenti del gruppo dei «campioni» diedero in prevalenza prestazioni superiori a quelle del gruppo di controllo. Nei compiti di memoria ritardata, invece, soltanto tre dei soggetti diedero una prestazione notevolmente superiore alla media del gruppo di controllo.

Nei compiti di memoria immediata era tuttavia presente una marcata variabilità di prestazione sia tra i singoli soggetti che tra i diversi compiti. Un soggetto ricordava, ad esempio, molto bene facce, nomi, parole, numeri di telefono, un altro invece aveva difficoltà nel ricordo di facce e figure, mentre riusciva bene in tutti gli altri compiti. È possibile che la variabilità sia all'interno dello stesso soggetto, sia tra i soggetti, fosse dovuta al fatto che individui diversi usavano tecniche diverse, e che le tecniche usate erano appropriate soltanto per certi tipi di compiti. Ad esempio, quattro «campioni» avevano ottime tecniche per apprendere facce, nomi, parole e numeri, mostrando una memoria praticamente perfetta in questi compiti e meno buona negli altri. Un'altra spiegazione possibile è che la lunga pratica e l'interesse per certi tipi di materiale, ad esempio i numeri, attivino forme di codifica efficaci per il successivo ricordo. Ad esempio, una persona pratica di numeri coglie facilmente in una sequenza numerica qualche regola per passare da un numero all'altro, senza la necessità di ricorrere a qualche mnemotecnica particolare. Si tratterebbe dunque di una sorta di abilità naturale legata a un particolare interesse.

Questi risultati sono interessanti perché sottolineano due diverse capacità: quella coinvolta nella memoria immediata e quella coinvolta nella memoria ritardata. La pratica e l'uso di mnemotecniche sembra agire prevalentemente sulla prima. Con un po' di buona volontà anche noi, come d'altra parte aveva dimostrato lo studio condotto sugli studenti sugli effetti della pratica nella memorizzazione di una matrice di 50 cifre, potremmo esibirci in prove di memoria immediata. Il ricordo indelebile, a distanza di tempo, di informazioni non particolarmente significative sembra richiedere qualcosa di diverso in termini strutturali.

La memoria è dunque una facoltà mentale che può essere migliorata quando vengono messe in atto efficaci forme di codifica, tuttavia l'eccellenza, come tutte le forme di eccellenza, è riservata a pochi.

Per saperne di più

Gli argomenti generali affrontati in questo libro possono essere approfonditi con la lettura di alcuni manuali universitari, quali, ad esempio, A. Baddeley, *La memoria umana: teoria e pratica*, Bologna, Il Mulino, 1995, e S. Roncato e G. Zucco, *I labirinti della memoria*, Bologna, Il Mulino, 1993.

Per quanto riguarda, più in particolare, i disturbi della memoria, dettagliati e interessanti casi (in parte citati anche in questo libro) sono riportati in *Broken Memory: Case Studies in Memory Impairment*, a cura di R. Campbell e M. Conway, Oxford, Blackwell, 1995.

Per chi voglia sapere qualcosa di più sulla questione della veridicità e dell'accuratezza dei ricordi si consiglia L. De Cataldo Neuburger e G. Gulotta, *Trattato della menzogna e dell'inganno*, Milano, Giuffrè, 1996 e, per gli altri aspetti legali legati all'attendibilità della testimonianza, il volume di L. De Cataldo Neuburger, *Psicologia della testimonianza e prova testimoniale*, Milano, Giuffrè, 1998. Infine, sulla memoria eccezionale si vedano i testi classici di A.R. Lurija: *Viaggio nella memoria di un uomo che non dimenticava nulla*, Roma, Armando, 1979, e *Una mente prodigiosa*, Roma, Editori Riuniti, 1972. Inoltre va ricordato R.F. Thompson, *The Brain: A Neuroscience Primer*, New York, Freeman, 1993 oltre a J. Wilding ed E. Valentine, *Superior Memory*, Hove, Psychology Press, 1997.

Finito di stampare nel mese di febbraio 2007
dalla litosei, via rossini 10, rastignano, bologna
www.litosei.com

farsi un'**idea**

Europa

L'Unione europea, *di Piero S. Graglia*
L'allargamento dell'Unione europea, *di Enrico Letta*
L'Europa a venticinque, *di Enrico Letta*
Il Parlamento europeo, *di Luciano Bardi e Piero Ignazi*
Il mercato unico europeo, *di Roberto Santaniello*
L'euro, *di Lorenzo Bini Smaghi*
La Banca centrale europea, *di Francesco Papadia e Carlo Santini*

Politica e istituzioni

Lo stato e la politica, *di Paolo Pombeni*
Lo Stato di diritto, *di Roberto Bin*
Il federalismo, *di Sofia Ventura*
Il governo delle democrazie, *di Augusto Barbera e Carlo Fusaro*
La classe politica, *di Gianfranco Pasquino*
Il sistema politico italiano, *di Carlo Guarnieri*
I partiti italiani, *di Piero Ignazi*
Donne e politica, *di Giuditta Brunelli*
La Costituzione, *di Valerio Onida*
Il presidente della Repubblica, *di Carlo Fusaro*
Il governo della Repubblica, *di Piero Calandra*
La Corte costituzionale, *di Alfonso Celotto*
La legge finanziaria, *di Luca Verzichelli*
La pubblica amministrazione, *di Marco Cammelli*
Le Regioni, *di Raffaele Bifulco*
Il governo locale, *di Luciano Vandelli*
La burocrazia, *di Guido Melis*
La giustizia in Italia, *di Carlo Guarnieri*
La giustizia amministrativa, *di Guido Corso*
La giustizia tributaria, *di Francesco Pistolesi*
La giustizia penale internazionale, *di Salvatore Zappalà*
La Nato, *di Marco Clementi*

Economia

Il mercato, *di Giuseppe Bertola*
L'economia italiana, *di L. Federico Signorini e Ignazio Visco*
La ricchezza degli italiani, *di Luigi Cannari e Giovanni D'Alessio*
Il debito pubblico, *di Ignazio Musu*
Concorrenza e antitrust, *di Alberto Pera*
Le autorità indipendenti, *di Fabio Merusi e Michele Passaro*
La moneta, *di Andrea Terzi*
La banca, *di Giuseppe Marotta*
Le assicurazioni, *di Giovanni Cucinotta e Laura Nieri*
La Borsa, *di Francesco Cesarini e Paolo Gualtieri*
I fondi comuni di investimento, *di Francesco Cesarini e Paolo Gualtieri*
I fondi pensione, *di Riccardo Cesari*
L'agricoltura in Italia, *di Roberto Fanfani*
L'industria italiana, *di Magda Bianco*
Il commercio in Italia, *di Luca Pellegrini*
Nonprofit, *di Gian Paolo Barbetta e Francesco Maggio*
Il made in Italy, *di Marco Fortis*
Il Fondo monetario internazionale, *di Giuseppe Schlitzer*
Il Wto, *di Antonio Parenti*
La new economy, *di Elena Vaciago e Giacomo Vaciago*
Globalizzazione e sviluppo, *di Federico Bonaglia e Andrea Goldstein*
La cooperazione internazionale allo sviluppo, *di Federico Bonaglia e Vincenzo de Luca*
La cancellazione del debito dei paesi poveri, *di Guido de Blasio e Alberto Dalmazzo*

Società

La popolazione del pianeta, *di Antonio Golini*
Gli immigrati in Italia, *di Asher Colombo e Giuseppe Sciortino*
Le nuove famiglie, *di Anna Laura Zanatta*
L'adozione, *di Luigi Fadiga*
Storia dell'aborto, *di Giulia Galeotti*
La scuola in Italia, *di Marcello Dei*
L'università in Italia, *di Giliberto Capano*
Il rendimento scolastico, *di Giancarlo Gasperoni*
Laurea e lavoro, *di Anna Laura Trombetti e Alberto Stanchi*
Occupati e disoccupati in Italia, *di Emilio Reyneri*
I new global, *di Donatella della Porta*
Gli scout, *di Mario Sica*

Il giornale, *di Paolo Murialdi*
La televisione, *di Enrico Menduni*
La pubblicità, *di Annamaria Testa*
I sondaggi, *di Mauro Barisione e Renato Mannheimer*
Droghe e tossicodipendenza, *di Simonetta Piccone Stella*
Prevenire la criminalità, *di Marzio Barbagli e Uberto Gatti*
Il volontariato, *di Costanzo Ranci*
La sicurezza stradale, *di Rodolfo Lewanski e Chiara Tintori*

Religione

L'induismo, *di Giorgio Renato Franci*
Il buddhismo, *di Giorgio Renato Franci*
Gli ebrei, *di Piero Stefani*
I musulmani, *di Paolo Branca*
Gli ortodossi, *di Enrico Morini*
La Bibbia, *di Piero Stefani*
Il Corano, *di Paolo Branca*
La Kabbalah, *di Giorgio Israel*
Il giubileo, *di Lucetta Scaraffia*
I preti, *di Marcello Offi*
Comunione e liberazione, *di Salvatore Abbruzzese*
New Age, *di Luigi Berzano*
Le sette, *di Enzo Pace*

Psicologia

La mente, *di Paolo Legrenzi*
Creatività e innovazione, *di Paolo Legrenzi*
Il linguaggio, *di Patrizia Tabossi*
La memoria, *di Anna Maria Longoni*
Noi e i numeri, *di Luisa Girelli*
Decidere, *di Rino Rumiati*
Mentire, *di Luigi Anolli*
L'infanzia, *di Luigia Camaioni*
Il bambino va a scuola, *di Guido Petter*
Gli adolescenti, *di Augusto Palmonari*
Invecchiare, *di Renzo Scortegagna*
Attaccamento e amore, *di Grazia Attili*
La felicità, *di Paolo Legrenzi*
L'ottimismo, *di Luigi Anolli*

L'autostima, *di Maria Miceli*
La timidezza, *di Giovanna Axia*
La vergogna, *di Luigi Anolli*
Sentirsi in colpa, *di Paola Di Blasio e Roberta Vitali*
Arrabbiarsi, *di Valentina D'Urso*
La paura, *di Maria Rita Ciceri*
Stereotipi e pregiudizi, *di Bruno M. Mazzara*
Stare in gruppo, *di Giuseppina Speltini*
Il conformismo, *di Angelica Mucchi Faina*
Comunicazione e persuasione, *di Nicoletta Cavazza*
Le buone maniere, *di Valentina D'Urso*
Lo stress, *di Mario Farnè*
L'ansia, *di Mario Farnè*
Disturbi psicosomatici, *di Giancarlo Trombini e Franco Baldoni*
La depressione, *di Giovanni Jervis*
Anoressie e bulimie, *di Massimo Cuzzolaro*
Obesità e sovrappeso, *di Ottavio Bosello e Massimo Cuzzolaro*
Le difficoltà di apprendimento a scuola, *di Cesare Cornoldi*
Bambini disattenti e iperattivi, *di Gian Marco Marzocchi*
La dislessia, *di Giacomo Stella*
L'autismo, *di Luca Surian*
Il ritardo mentale, *di Pietro Pfanner e Mara Marcheschi*
Ragazzi violenti, *di Filippo Muratori*

Scienza e ambiente

La teoria dell'evoluzione, *di Telmo Pievani*
Homo sapiens, *di Giorgio Manzi*
L'esplorazione dello spazio, *di Giovanni F. Bignami*
Lo sviluppo sostenibile, *di Alessandro Lanza*
Ricerca & Sviluppo, *di Giorgio Sirilli*
L'energia pulita, *di Pietro Menna*
Il cambiamento climatico, *di Alessandro Lanza*
Le biotecnologie, *di Marcello Buiatti*
La procreazione assistita, *di Carlo Flamigni*
I farmaci, *di Stefano Cagliano e Alessandro Liberati*